부린이가
가장 궁금한 질문
TOP 99

부린이가 가장 궁금한 질문 TOP 99

초판 1쇄 발행 2022년 11월 1일

지은이 레비앙
발행인 조상현
마케팅 조정빈
편집인 김주연
디자인 Design IF
펴낸곳 더디퍼런스

등록번호 제2018-000177호
주소 경기도 고양시 덕양구 큰골길 33-170 (오금동)
문의 02-712-7927
팩스 02-6974-1237
이메일 thedibooks@naver.com
홈페이지 www.thedifference.co.kr

ISBN 979-11-6125-371-8 03320

부린이가
가장 궁금한 질문
TOP 99

레비앙 지음

Real Estate

Q&A

더디퍼런스

지금이 부동산 공부하기에
가장 좋은 시기입니다

2006년 집값이 꼭지인 줄도 모르고, 내 집 한 채 없다는 불안한 마음에 덜컥 집을 샀습니다. 당시 이자율은 얼마 전까지만 해도 상상하기 힘든 7%대였습니다. 7%대 이자를 감당하며 몇 년에 걸쳐 대출을 상환하고 나서야 온전한 내 집을 갖게 되었습니다. 기쁨도 잠시, 임대로 주었던 집에 입주하고 나서 근처 부동산을 방문하고는 가슴이 덜컥 내려앉았습니다. 집값이 30% 가까이 떨어졌기 때문입니다. '내가 살 집이니 팔지 않으면 그만이지'라고 스스로를 위로하며 이후 중개소에는 얼씬도 하지 않은 채 꼬박 10년 동안 그 집을 소유했습니다. 2015년쯤부터 주변에서 집값이 오르고 있다는 이야기가 들려왔습니다. 혹시나 하는 마음에 중개소에 용기 내어 들어갔지만 다시 실망할 수밖에 없었습니다. 다른 곳은 집값이 오른다는데 내가 사는 동네는 예전 가격조차 회복하지 못했기 때문입니다. 그나마 30% 가까이 떨어졌던 가격에 비해서는 조금 회복한 상태였습니다. '샀을 때 가격만 되면 당장 팔아야지'라고 다짐하며 부동산 문을 나섰습니다. 그로부터 일 년 후인 2016년이 되자 2006년 가격으로 집값이 회복되었습니다. 딱 10년만의 일입니다. 다짐한 대로 매수한 지 10년 만에 10년 전 가격 그대로 매도계약서에 도장을 찍었습니다. 10년 동안 낸 이자와 물가상승률을 반영하면 절대 본전이 아니지만 내가 잘 살았으니 됐다며 위안했습니다. 2019년, 제가 사는 동네에도 불장이 찾아왔습니다. 다른 지역보다 한참 늦었지만 오긴 왔습니다. 무려 13년 만에 만나는 부동산 상승장을 보면서 어떤 마음이 들었을까요?

"내 집을 갖고 있기만 하면 자산 상승 기회가 오긴 오는구나. 그래서 옛날 어른들이 집은 팔지 말라고 하셨구나."

"결국 13년 만에 이 동네도 오르긴 했지만 다른 동네에 비해 너무 늦게 온 것 같아. 다음에 집을 산다면 상승장이 가장 빨리 많이 오르는 곳을 사는 게 좋겠어."

"내가 살고 있는 집을 팔고 나니 다른 집을 사기는 해야겠는데 지난번처럼 아무 생각 없이 사서 마음 고생하지 말고 공부하고 사야겠어. 사고 나서 가격이 내리지 않을 만한 집, 가격이 내리더라도 다른 곳보다 덜 내리는 집, 상승이 왔을 때 다른 곳보다 더 빨리 더 많이 오를 만한 곳이 어디일까?"

그렇게 저의 부동산 공부는 시작됐습니다. 무엇부터 해야 할지 몰랐기에 가장 손쉽게 접할 수 있는 책부터 찾아봤습니다. 인터넷 서점에서 부동산 분야 베스트셀러 책들을 검색해 모조리 읽었습니다. 동네 도서관에 가서 눈에 띄는 부동산 분야 책을 모두 빌려 읽었습니다. 처음에는 무슨 말인지 이해하기 힘들었지만 포기하지 않고 읽었습니다. 결국 제 눈앞엔 신세계가 펼쳐졌습니다. 알아듣지 못하던 용어들이 이해되기 시작했습니다. 사고 싶은 집이 생겼고 용기 내어 매수도 할 수 있었습니다. 내 집 마련에서 나아가 투자도 실행할 수 있었습니다. 공부한 내용을 차곡차곡 블로그에 기록하자 작가라는 부캐도 생겼습니다. 그리고 이렇게 두 번째 책까지 쓰게 되었습니다.

부동산 공부를 시작하고 가장 달라진 점이 뭐냐고 많은 사람들이 물어봅니다.

"저는 부동산 공부를 하고 제2의 인생을 살게 되었습니다. 제 주변에는 부동산으로 성공한 분들이 많아졌습니다. 다양한 분야의 사람들을 만날 수 있게 된 점이 저는 가장 행복합니다. 제가 부동산 공부를 하지 않았다면 집과 직장을 오가는 단순한

삶을 살았겠죠. 다양한 사람들을 만나고 다양한 것들에 도전하는 삶이 너무 행복합니다. 그 과정에서 아이에게 무엇인가를 성취하는 멋진 부모의 모습을 보여 줄 수 있었습니다. 아이는 새로운 분야에 도전하는 저를 보면서 다양한 진로를 꿈꿉니다. 편안한 내 집과 경제적 자유는 덤이라는 생각이 들 정도입니다."

제가 책으로 부동산 공부를 했던 노하우를 모두 담아《책으로 시작하는 부동산 공부》를 썼습니다. 출간된 지 2년이 넘었지만 지금도 많은 분들이 읽어 주셔서 꾸준히 판매되고 있습니다. 책에 나온 추천 도서들을 독자들이 자발적으로 '완독 챌린지' 하고 있다는 사연을 접할 때마다 감사한 마음이 듭니다.

책으로 공부를 했다고 하니 실행은 해 봤냐고 묻곤 합니다. 공부가 먼저일까 실행이 먼저일까 고민하는 사람들도 많습니다. 저에게 묻는 다면 이렇게 답하곤 합니다.

"둘 중에 자신이 지금 바로 할 수 있는 것을 먼저 하세요."

공부를 먼저 하면 실행하는 데 필요한 정보와 확신을 가질 수 있습니다. 다만 실행이 늦어져서 기회를 놓칠 수 있다는 아쉬움이 있습니다. 실행을 먼저 하면 실수할 가능성이 높습니다. 다만 실수했을까 봐 더 열심히 공부하게 되는 강한 동기가 생깁니다. 자신의 성향에 따라 선택하면 됩니다. 확신이 없다면 기회를 놓칠 것을 염려하지 말고 확신이 쌓일 때까지 공부하면 됩니다. 기회는 얼마든지 또 옵니다.

실행부터 한다면 동시에 열심히 공부해야 합니다. 잘 된 선택이라면 더 나아가기 위해, 잘못된 선택이라면 빨리 만회할 방법을 찾기 위해 공부를 병행해야 합니다.

책을 통해 배웠어도 실전에서는 책과 다른 점이 많습니다. 매수와 임대 과정을 경험해 보면 '이렇게 사소한 것까지 알아야 하는 구나'를 느끼기도 합니다. 너무 사소해서 누군가에게 물어보기 민망한 것들도 많습니다. 저 역시 그런 초보 시절이 있었습니다. 모르는 것을 들키지 않으려고 아는 척했던 적도 있습니다. 어떤 분은 처음으로 임대계약서를 쓰러 가야 하는데 긴장되고 떨리는 마음에 며칠 동안 검색해서 필요한 정보를 적어 갔다고 합니다.

'사소한 것 같지만 꼭 알아야 하는 것들, 누군가에게 차마 물어보기 힘든 것들을 시원하게 대답해 주는 사람이 있으면 좋겠다.'

이런 초보 시절의 간절함을 담아 《부린이가 궁금한 질문 TOP99》를 전자책으로 냈습니다. 여러 출판사에서 책으로 내자는 제안을 해 주셨지만 제가 굳이 전자책으로 먼저 출간한 이유는 전자책 발간이 저의 버킷리스트 중 하나였기 때문입니다. 전자책이라서 조금은 가벼운 마음으로 시작했지만 과정은 그리 가볍지 않았습니다. 책으로 출간할 때는 출판사에서 정해 놓은 기한이 있어 늘어지지 않고, 편집자가 있어 보완도 가능합니다. 하지만 전자책은 이 모든 과정을 혼자서 감당해야 하기에 결코 가볍지 않았습니다. 그렇기에 성취감은 더욱 컸던 것 같습니다.

전자책을 다시 책으로 내게 된 데에는 독자 여러분들의 후기가 큰 영향을 미쳤습니다. 받자마자 출력해서 밑줄을 그으며 읽고 있다는 분, 책으로도 나왔으면 좋겠다는 분들의 후기를 보며 감사한 마음과 동시에 전자책의 한계를 느끼게 되었습니다. 출판사에서도 더 많은 사람들이 이 책을 보면 좋겠다고 제안해 주셨습니다. 좀 더 가독성 있게 디자인하고, 부린이가 겪는 실제 에피소드와 질문들을 추가해 더욱 완성도를 높였습니다. 저의 첫 책과 이 책이 부동산 투자의 기본서로써 '부린이 탈출'을 돕고, 투자 실수를 줄여 줄 것으로 기대합니다.

2022년 하반기를 지나고 있는 지금, 부동산 시장은 조정이냐 하락 초입이냐의 논쟁이 한창입니다. 많은 전문가들조차 의견이 엇갈리는 혼돈의 시기입니다. 2021년 10월 대부분의 사람들이 추석 이후 불장을 예측했습니다. 막상 추석 연휴가 지나고 기다리던 불장은 일주일도 지속되지 못했습니다. 10월 첫째 주 이후 꺾이기 시작한 심리는 다시 추석을 맞을 때까지 회복되지 못했습니다.

2014-2015년부터 상승한 집값은 지금 당장 하락기에 들어간다고 해도 이상할 게 없을 만큼 크게 상승했습니다. 아직 하락이 시작된 것은 아니라고 주장하는 사람들은 공급물량을 비롯해 부동산 관련 주요 지표에서 하락할 이유를 찾지 못하기 때문이라고 합니다. 반면 하락을 주장하는 사람들은 부동산 시장에 참여하는 사람들의 심리와 가파르게 오르는 금리를 원인으로 듭니다.

새로운 정부에 기대하는 부동산 관련 규제 해제 역시 부동산 시장을 어떤 방향으로 이끌지 누구도 예측하기 힘든 상황입니다. 규제 해제는 상승을 이끄는 모멘텀이라고 생각하기 쉽지만 심리가 꺾인 시장에서는 하락을 고착화하는 역할을 할 수도 있습니다.

부동산 투자에서 성공하려면 절대 장을 떠나지 말라는 격언이 있습니다. 아이러니하게도 지금이 부동산 시장을 떠나기 아주 좋은 시기입니다. 심리가 가라앉고 집값이 떨어진다는 뉴스에 사람들이 이탈하기 시작하는 바로 지금이 부동산 공부를 하며 기회를 기다리기에 딱 좋은 시기입니다. 지난 큰 파도를 타지 못했다고 바닷가를 떠나 버리면 다음 파도 또한 타지 못합니다. 인생에서 큰 파도는 딱 한 번만 타도 충분합니다. 이제 부동산 투자에 관심을 가진 분들이라면 너무 늦었다는 생각에 허둥지둥하지 않아도 됩니다. 스스로 공부하면서 진짜 기회를 기다릴 수 있는 충분한 시간이 주어졌다고 생각하면 좋겠습니다. 기다리는 동안 책을 통해 자신의 역량을 끌어올리면 다음 파도의 시작에 가장 먼저 올라탈 수 있습니다. 여러분이 내공을 쌓는 과정에서《책으로 시작하는 부동산 공부》가 좋은 조언자가 될 것입니다. 공부한 것을 바탕으로 실행에 나설 때는《부린이가 가장 궁금한 질문 TOP99》가 든든한 길잡이가 되어 줄 것입니다.

전자책으로 이 책을 본 독자들의 후기

무론도원님

부동산 공부 좀 했다고 생각했는데, 이 책을 읽으면서 무릎을 탁 쳤습니다! 안 해 본 사람은 알 수 없는 정보들이 가득합니다! 알쏭달쏭 이걸 누구한테 물어봐야 할지 모를 때, 부동산에서는 이러는 게 관행이라는데 다 믿어도 되는지 혼란이 왔을 때, 아니 혼란이 오기 전에 미리 읽어야 할 책입니다. 특히 초보들이 놓칠 수 있는 중요한 특약내용이 담겨 있어 좋았습니다. 살아 있는 부동산 지식으로 레벨업 하세요!

gill***

《책으로 시작하는 부동산 공부》 작가님의 현장 경험이 담긴 부동산 해법서입니다!

궁금하지만 시간이 부족하거나 타인에게 질문하기 조심스러운 질문을 친절하게 방법을 알려 주는 고마운 책이에요. 부동산 공부 방법과 함께 애정 가득 담긴 실질적인 조언은 고민만 하고 망설이는 부린이에게 오아시스 같은 책입니다.

kong***

부동산이라는 어려운 투자의 산을 등반하면서 우리는 사소하고도 작디작은 질문과 고민을 하게 됩니다. 정답인 줄 알고 찾아보면 오답일 때도 많고요. 사소한 질문이라 누구에게 물어보기도 민망한데, 이 책엔 정말 작은 것부터 큰 것까지 칼같이 단호한 언니가 말끔하고 깔끔하게 답을 제시해 줍니다. 이러면 어떨까 저러면 어떨까 부동산 고민에서 허우적거릴 필요가 전혀 없습니다. 나의 부동산 고민 해답지를 여러분에게 추천합니다.

gues*

부린이들에게 도움이 될 만한 내용이 주제별로 질의응답 형식으로 나와 있어서 목차를 보고 궁금한 부분을 바로 찾을 수 있어서 좋았습니다. 이 책을 통해 살면서 꼭 알아야 할 부동산 관련 지식을 넓게 익힌 후 더욱 심도 있게 공부해 나간다면 부동산 공부에 도움이 될 것이라 생각합니다.

bb*

부동산 공부를 하는 사람에게 필독서로 추천합니다. 주변에 전문가가 없어서 부동산 공부에 답답함을 겪었다면 이 책은 그 이상의 답을 해 줄 것입니다. 마치 나만 알고 싶은 지인 전문가가 실제 경험을 있는 그대로 녹여 놓은 책입니다!

zozo*

지금까지 부린이들을 위한 책이 많이 나왔지만 이런 형식은 처음이네요! 속 시원히 긁어 주는 말들이 가득합니다. 누구한테 물어볼 수도, 알려 주지도 않는 말들이 다 들어 있어요. 살면서 꼭 한 번은 궁금했던 것들을 알려 주니 안 읽으면 손해입니다!

PART 3

집을 한 번도 안 사 본
매수 부린이 질문 45가지

: 똑똑하게 계약, 잔금, 등기하는 방법!

(시작이 중요해! 계약)

PART 4
전·월세 계약 관련한
임대차 부린이 질문 14가지
: 임대인 VS 임차인

PART 5

집을 한 번도 안 팔아 본
매도 부린이 질문 6가지

: 본격적인 수익 실현 과정에서 궁금한 점

부록

누군가에게 차마
물어보기 힘든 부동산 용어

PART 1

집을 살까 말까 고민하는
부린이 질문 7가지
: 부린이 탈출을 위한 기본 자세

Q. 집은 꼭 사야 하나요?

A. 네, 내 집 한 채는 따지지 말고 그냥 사세요.

집을 사야 하는 이유는 너무 많지만 다섯 가지만 애기해 보겠습니다.

하나, 월급을 차곡차곡 모아서는 2년 뒤에 인상되는 전셋값도 마련하기 버겁습니다. 2년마다 모은 돈을 전부 털어 집주인한테 주고, 집주인은 그 돈으로 투자해서 더 부자 되도록 도와줘야겠습니까?

둘, 2년 뒤에 집주인이 들어와서 산다고 나가 달라고 하면 얼마나 속상하겠습니까? 어차피 나갈 생각이었다면 상관없지만 아이가 초등학교에 들어가서 겨우 친구를 사귀고 적응했는데 이사를 가야한다면요? 혹시나 이사해야 할 시기에 그 동네에 전세가 없어서 집을 못 구할 수도 있지 않을까요? 내 집 하나 장만하는 것은 우리 가족에게 다른 사람 눈치 보지 않고 살 수 있는 보금자리라는 의미도 됩니다. 집값이 오르든 안 오르든 가족이 마음 편히 살 수 있는 집 한 채는 그것만으로도 의미가 있습니다.

셋, 상급지로 올라갈 수 있는 발판이 됩니다. 집값이 내리면 큰일 날 것 같지만 내 집만 내리는 것도 아닙니다. 집을 팔아서 현금으로 무언가를 할 계획이 아니고, 다른 집으로 갈아타는 게 주 된 이유라면 내 집이 내린 만큼 이사 갈 집도 내렸을 테니 갈아타기에 크게 문제 될 게 없습니다. 문제는 상승할 때입니다. 다른 집이 오른 만큼 내 집도 올라 줘야 조금 더 보태서 상급지로 진입이 가능합니다. 집값이 전체적으로 오르는데 나는 2년 전 전세금만 그대로 돌려받는다면 그건 본전이 아니라 오히려 손해를 보는 것과 같습니다. 이는 인플레이션 상황에서 현금 가치의 하락을 실물 자산으로 방어한다는 의미입니다.

넷, 돈을 빌려서(대출) 집을 사면 저축에 강제성을 더하는 것과 같습니다. 이미 대출금에 대한 이자는 나가고 원금까지 상환하려니 생활비가 쪼들리겠지만 그만큼 더 아끼게 됩니다. 강제적으로 아껴 써야 하는 상황을 만들어 어쩔 수 없이 저축하게 만드는 것이죠. 단순히 적금을 드는 것보다 훨씬 더 많은 돈을, 더 빨리 모을 수 있습니다.

다섯, 이자가 아깝다고 생각하지 마세요. 이자 비용보다 집값이 오르는 폭이 더 큽니다. 이자 조금 아깝다고 해서 상승분을 취할 기회를 놓치는 것은 대출이 무서워 집을 못 사는 사람들이 나중에 가장 후회하는 일입니다.

Q. 사고 나서 집값이 떨어지면 어쩌죠?

A. 본인이 거주하거나 임대를 주고 팔지 않으면 됩니다.

집을 샀는데 공교롭게도 하락장이 왔다면 자다가도 이불킥 할 수밖에 없습니다. 다른 사람은 몰라도 제발 나한테만은 일어나지 않았으면 하는 일입니다. 하지만 미래는 예측하는 게 아니고 대응하는 것입니다. 어떻게 대응할지를 고민하는 게 더 현명합니다.

먼저, 내가 들어가서 살 수 있는 집이라면 하락장이 온다 해도 크게 문제 될 게 없습니다. 그곳에서 아이들 교육시키며 만족하면서 살면 됩니다. 부동산 가격은 과거부터 지금까지 우상향 그래프를 그리며 지속적으로 상승 곡선을 그려 왔습니다.

물론 중간에 오르내림이 있습니다. 그 내림의 순간에 하필 내가 샀을 뿐 시간이 지나면서 우상향 곡선에 올라타면 그만입니다. 부동산이 우상향할 수밖에 없다는 논리를 뒷받침하는 가장 큰 이유는 '인플레이션'입니다. 물가는 끊임없이 상승합니다. 집을 짓는 데 필요한 모든 비용은 물가 상승에 연동해 꾸준히 상승하고 있습니다. 한번 오른 인건비가 내리는 게 가능할까요? 한번 오른 자재값이 내리는 게 가능할까요? IMF 같은 심각한 경제 위기가 아닌 이상 물가는 지속적으로 오르게 되어 있고, 사람이 살아가는 데 꼭 필요한 집 역시 그에 따라 상승할 수밖에 없습니다.

둘, 내가 그 집에 들어가서 살 수 없는 상황이라면 임대를 주고 2년 혹은 4년마다 갱신하면서 다시 집값 상승기가 올 때까지 기다리면 됩니다. 물론 임대를 주는 동안에 전셋값이 떨어지는 역전세를 걱정할 수도 있습니다. 이런 리스크 때문에 영끌로 투자하면 안 된다고 강조하곤 합니다. 리스크를 헷지하는 방법은 다름 아닌 여유 자금입니다. 상승기가 지속될 것이라는 확신이 없는 상태에서 투자할 때에는 반드시 여유 자금을 계획하고 시작해야 합니다. 매매가가 떨어지는 시기가 되면 처음에는 전세가가 하락할 수 있지만 점차 전세가가 오르게 되어 있습니다. 대부분의 사람들이 매매보다 전세를 선호하게 되면서 전세가가 오르는 것이 수순입니다.

정리하면, 사고 나서 하락이 걱정된다면 딱 두 가지만 고려하면 됩니다. 여차하면 내가 들어가 살 수 있는 집에 투자합니다. 그게 안 된다면 전세금이 떨어질 것을 감안하여 여유 자금을 계획하고 다음 상승이 올 때까지 버티면 됩니다.

Q. 하락이 끝나길 기다렸다가 바닥을 찍었을 때 사면 되는 거죠?

A. 네, 그런데 바닥일 때 살 수 있다고 자신하나요?

누구나 투자할 때 '바닥에 사서 꼭지에' 팔고 싶어 합니다. 꿈의 투자 전략입니다. 왜 꿈이라고 하는지 벌써 눈치챈 분도 있을 겁니다. 과연 여러분은 다음 질문에 자신 있게 "네"라고 답할 수 있나요?

- 언제가 바닥인지 어떻게 아나요?
- 바닥 직전까지 하락이 이어졌을 텐데 떨어지는 칼날을 잡을 용기가 과연 있을까요?
- 언제가 꼭지인지 어떻게 아나요?
- 꼭지를 찍고 하락한 가격으로 내려서 팔 수 있는 결단력이

과연 있을까요?

언제가 바닥인지는 아무도 알 수 없습니다. 그것을 안다면 지금 이 책을 읽을 필요도, 답이 궁금하지도 않을 것입니다. 집 값이 하락하는 시기에는 바닥을 찍을 때까지 이어집니다. 머리로는 바닥임을 이해했다고 해도 어제까지 떨어지던 가격이 더이상 내려가지 않을 거라는 확신을 갖고 살 수 있는 사람은 장 담컨대 없습니다. 지금 삼성전자 주식이 5만 원대이니 다시 9만 원대로 올라갈 거라고 확신하며 매입할 수 있는 용기를 가진 사람이 얼마나 될까요? 아마도 6~7만 원대가 되고 나서야 '5만 원대일 때 살 걸' 하며 후회할 게 분명합니다. 집값 역시 마찬가지입니다.

내가 집을 파는 시점에 신고가를 찍기만 해도 매우 훌륭한 일입니다. 바로 다음 날 또 다른 신고가가 찍혔다면 어제의 뿌 듯함은 바로 억울함으로 바뀝니다. 이렇듯 꼭지가 꼭지인 줄 알고 팔 수 있는 사람은 거의 없습니다. 지나고 보니 꼭지에 팔 았다는 사람들은 '더 올라도 내 몫이 아니지'라며 욕심을 내려 놓았을 뿐이고, 우연히 행운이 따랐던 사람들임에 분명합니다. 신고가를 찍고 실거래가가 하락한 것을 확인해도 사람들은 그 가격을 받아들이는 데 오랜 시간이 걸립니다. '아마 어떤 사정이 있었겠지'라는 말로 포장하며 쉽게 하락을 받아들이지 못합니다. 다른 집은 신고가에 팔았는데 내 집은 그 가격보다 내려서 팔기란 결코 쉽지 않습니다. 그렇게 가격을 고수하는 사이 급하게 팔아야 하는 사정이 있는 물건들이 쌓이기 시작하면 매도 타이밍은 점점 멀어지게 됩니다.

바닥일 때를 기다려서 살 수도, 꼭지일 때를 맞춰서 팔 수도 없는 게 당연합니다. 사야겠다고 마음먹었을 때, 팔아야겠다고 마음먹었을 때 실행하는 것이 정답입니다.

Q. 집을 사지 않는 사람들의 심리는 어떤 건가요?

A. 아래 5가지 유형 중 본인은 어디에 속하는지 생각해 보세요.

가. 부동산 투자에 대해 아는 것이 없어서, 즉 무지해서

자본주의 사회에 살면서 '투자'에 대해 모른다는 건 절대 자랑이 아닙니다. 지금까지 돈을 모으는 것만 알고 불리는 건 몰랐다면 절반만 성공한 것입니다. 모으는 것만큼 불리는 것도 중요합니다. 자산을 불리는 방법 중에서 가장 접근하기 쉬운 분야가 그마나 부동산이라고 합니다. 그러니 지금부터라도 '공부'해서 알아야 합니다.

나. 머리로는 아는데 실행할 용기가 없어서, 즉 결단을 못해서

해야 할지 말아야 할지 선택하지 못한다는 것은 확신이 없다는 뜻입니다. 확신이 없는 상태에서 무조건 실행하는 것도 정답은 아닙니다. 확신이 생기려면 많은 정보가 뒷받침돼야 합니다. 그래서 확신이 없을수록 더 많이 '공부'해야 합니다. 공부를 통해 투자해야 한다는 당위성을 깨달아야 합니다.

다. 부자를 시기하고 질투하는 가난한 마인드의 소유자라서

투자를 통해 부자가 된 사람들을 보고 대체로 두 가지 유형으로 반응합니다.

"부럽다. 얼마나 좋을까! 하지만 나는 절대 저렇게 못할 것 같아."

"부럽다. 너무 좋겠다! 저 사람도 했는데 나는 왜 못하겠어?"

전자는 내 집도 없이 평생 집 있는 사람을 부러워만 할 것이고, 후자는 곧 자기 집을 장만하고 부를 늘리며 여유로운 노후를 준비할 것입니다.

라. 바닥에 살 수 있을 거라는 근거 없는 자신감이 있어서

이렇게 자신감이 넘치는 사람들은 2013~2014년에 집값이 바닥일 때 과연 집을 장만했을까요? 당연히 그렇지 않을 것입니다. 그러고는 이렇게 말하고 있겠죠.

"다음번에 바닥을 찍으면 꼭 사고 말겠어!"

마. 집을 살 돈으로 사업을 통해 더 큰 수익을 올릴 수 있어서

집값이 올라서 얻는 수익보다 사업소득이 클 경우 굳이 거주하는 집에 큰돈을 묶어 놓을 필요가 없다고 생각할 수 있습니다. 일부 고소득자들 중에서는 평소 세금을 덜 내기 위해 수입을 적게 신고하는 경우가 있다고 합니다. 이런 사람들이 고가 주택을 매입하면 100% 탈세 조사 대상에 해당됩니다. 그런 경우 굳이 집을 안 사도 되고, 사업소득 창출에 힘쓰면 됩니다.

하지만 내가 가, 나, 다, 라 유형에 속한다면 '공부'해서 내 집 한 채는 장만해야 합니다.

Q. 배우자가 부동산 투자를 반대해요.

A. 아쉬운 대로 혼자 실행해 보세요.

"그게 가능해요?"

제가 배우자 모르게 투자하라고 하면 대체로 이런 반응을 보입니다.

"네 가능합니다. 저도 그렇게 시작했는 걸요."

물론 부부가 상의해서 투자하는 것이 훨씬 좋습니다만, 한쪽이 반대해서 아무것도 못하는 상황이라면 작은 한도 내에서 투자를 실행하는 게 안 하는 것보다 훨씬 나은 선택일 수 있습니다.

반면 배우자의 동의 없이 투자를 하려면 더 많은 준비가 필요합니다.

첫째, 혼자서도 실행할 수 있을 만큼 공부가 된 상태여야 합니다. 한쪽의 반대를 무릅쓰고 실행하기 위해서는 확신이 필요합니다. 부족한 확신은 공부하면서 채워집니다. 책을 읽고 다른 사람들의 경험을 들으면서 투자에 대한 당위성을 확인하면 확신은 커집니다. 그런 확신을 갖게 되면 배우자의 반대에도 실행에 옮길 수 있는 용기가 생깁니다.

둘째, 종잣돈이 필요합니다. 종잣돈이라고 했지만 배우자의 동의 없이 사용 가능한 비자금이나 신용대출이라고 해야겠죠. 당연히 많이 부족할 것입니다. 배우자가 협조하지 않는 상황에서 영끌로 좋은 주택을 장만하기는 쉽지 않습니다. 물론 실거주도 불가능합니다. 따라서 최선의 선택은 하지 못할 수도 있습니다. 그럼에도 불구하고 아무것도 안하는 것보다는 훨씬 낫습니다.

셋째, 혼자서 결정하고 오롯이 책임져야 합니다. 처음에는 엄두가 안 날 수도 있습니다. 하지만 모든 일은 처음이 어려울 뿐입니다. 첫발을 내딛고 나면 다음 결정은 어렵지 않습니다. 오롯이 책임져야 하는 것은 맞지만 영끌로 투자하지 않았다는 점이 오히려 장점이 될 수도 있습니다. 부부가 합심해서 영끌로 투자하면 여유 자금 없이 공격적인 투자를 할 수도 있습니다.

당연히 예상치 못한 돈맥경화(개인의 자금 사정이 원활하지 않은 상태)를 마주할 수도 있습니다. 힘들 때 배우자에게 SOS를 할 수 있다는 생각만으로도 마음의 여유가 생깁니다. 커밍아웃 이후 다툼은 피할 수 없겠지만 당장의 돈맥경화를 해결하는 데는 문제없을 것입니다. 그러니 배우자가 투자를 반대한다는 핑계로 아무것도 하지 않는 위험을 초래하지 않기를 바랍니다.

Q. 남편(아내)이 반대해서 집을 못 샀는데 너무 속상해요.

A. 배우자 탓으로 돌리고 싶은 거겠죠.

"잘 되면 자기 덕, 못 되면 남의 탓"

배우자와 투자 의견이 잘 맞아서 알뜰살뜰 돈을 모으고, 어디에 투자할지 같이 고민할 수 있다면 벌써 부자가 됐을지도 모릅니다. 그러나 많은 사람들이 집값이 오르기 전에 집을 알아보고 계약도 할 뻔 했는데 누군가(남편 혹은 아내)가 반대해서 사지 못했다고 하소연합니다. 오른 집값을 생각하면 배우자 얼굴만 봐도 부아가 치민다고 합니다. 아마도 집에서 부동산의 '부'자도 꺼내지 못하는 분위기겠지요.

그런데 곰곰이 한번 생각해 볼까요?

투자를 제안했을 때 배우자가 좀 더 생각해 보자고 말했을 것입니다. 그때 여러분은 무엇을 했나요? 머리를 맞대고 꼭 사야 하는 이유를 생각해 봤나요? 배우자를 설득하기 위해 어떤 노력을 했나요? 한두 번 말해 보고 그냥 포기하지 않았나요? 정말 최선을 다해 배우자를 설득했나요?

아마도 그렇다고 답할 수 있는 분들은 많지 않을 것입니다. 배우자가 망설이니 본인도 망설여지고, 뚜렷하게 뭔지는 모르겠지만 결정을 내리기 불안했을 테죠. 아쉬움은 있지만 배우자의 말에 못 이기는 척 동조했을 겁니다. 그러면서 나중에 상대방 탓을 하는 것은 본인 스스로 '확신'과 '용기'가 없었음을 인정하지 않는 행동에 불과합니다. 정말 꼭 사야겠다는 확신이 있다면, 집값이 오를 것이라는 확신이 있다면 배우자의 망설임 앞에 적극적으로 설득했겠죠. 그러니 더 이상 배우자 탓을 하지 말고 본인 스스로를 돌아봐야 합니다.

누구나 큰 결정을 해야 하는 상황이 되면 미래를 확신할 수 없기에 두렵습니다. 그럼에도 불구하고 누군가는 용기 내어 결정합니다. 용기를 내기 위해, 확신을 갖기 위해 무엇을 해야 할까요? 계속 강조하지만 정보가 많이 쌓일수록 불안감은 확신으로, 두려움은 용기로 바뀝니다. 정보를 많이 쌓는 방법은 끊임없는 관심과 공부입니다. 다음번에도 기회를 놓친 후 배우자를 탓하지 말고 지금부터라도 공부를 시작해 보세요. 자본주의 사회에서 부동산 공부는 인생에서 꼭 한 번 해 볼 만한 가치가 있습니다.

Q. 집값이 너무 많이 올랐는데 다음 기회가 또 올까요?

A. 인생에서 큰 파도는 딱 한 번만 타도 충분합니다.

부동산 시장의 사이클을 보면 '10년 주기설'이라는 말이 있습니다. 10년마다 하락과 상승이 반복된다는 뜻입니다. 물론 반드시 10년마다 반복되는 건 아닙니다. 이번 상승장만 보더라도 2014~2021년(아직 상승이 끝났는지는 알 수 없지만 2021년 말부터 2022년 상반기를 조정장이라고 가정)까지 무려 8년간 상승했습니다. 상승이 길었으니 하락도 길어질 지는 아무도 모릅니다. 하락은 짧게 지나가고 다음 상승장이 빨리 올지도 모릅니다. 중요한 것은 오르면 내리고, 내리면 다시 오르는 사이클이 반복된다는 점입니다.

인생에서 투자를 통해 자산을 증대시키려면 아무리 빨라야 30대 초반부터 가능합니다. 20대에 물론 시작할 수 있지만 일반적으로 사회생활을 시작하고 어느 정도 종잣돈을 모으려면 그렇습니다. 100세 시대라고 하지만 고정적인 수입이 유지되는 시기는 은퇴 전 50~60대까지입니다. 이후에도 물론 공격적인 투자를 할 수 있으나 고정적인 수입이 없는 상황이라면 레버리지를 활용한 투자는 쉽지 않습니다. 60세가 넘어서까지 매달 원리금 상환에 허덕이며 살고 싶은 사람도 없을 테고요. 그렇다면 인생에서 투자를 통해 자산을 불릴 수 있는 시기는 30~60세까지 약 30년 정도 가능하다고 봅니다.

부동산 사이클이 10년 혹은 슈퍼사이클로 15년이라고 해도 인생에서 큰 파도(상승장)는 두세 번은 온다는 뜻입니다. 2014~2021년에 온 큰 파도를 놓친 사람이라면 다시는 이런 기회가 오지 않을까 봐 '이생망'이라고 망연자실할 필요는 없습니다. 인생에서 마주하는 기회를 모두 잡는다면 100억, 1,000억 부자가 될 수도 있겠지만 모두 그런 부자가 되기를 바라는 것도 아닙니다. 그저 월급이 나오지 않아도 돈 걱정하지 않고, 자녀가 출가할 때 도와줄 수 있는 정도의 경제적 자유를 원하는 사람이 더 많습니다. 그렇다면 인생의 큰 파도를 딱 한 번만 제대로 올라타도 충분합니다. 제 주변에는 이번 상승장에서 100억 정도의 자산을 만든 사람들이 많습니다. 서점에서 보이는 책만 봐도 이전에는 10억 부자를 외쳤다면 지금은 100억 부자가 대세입니다. 그만큼 자산의 규모가 커졌고 경제적 자유의 기준도 상향됐습니다.

지나간 기차는 잊으세요! 다음 기차에 올라타기 위한 준비를 잘 하면 됩니다. 집값이 조정되고 경기가 안 좋다고 관심을 끊는 사이 다음 기차는 서서히 경적을 울릴 것입니다. 뒤늦게 다시 기차역에 들어서려고 하면 이미 첫차는 지나간 후일 가능성이 높습니다. 내가 다음 상승 기차 1열 1칸에 타고자 한다면 부동산 시장이 침체된 시기에도 관심을 놓아서는 안 됩니다. 오히려 얼리버드 티켓을 따내기 위해 준비하고 있어야 합니다. 명품 오픈런을 준비하는 심정으로 미리부터 자리를 잡고 준비해야 합니다. 어떤 경로가 가장 빠르게 닿을 수 있는지 공부하며 기다려야 합니다. 다음번 상승 기차는 1열 1칸에 타겠다는 의지로 말입니다.

PART 2

처음 집을 알아보는
신혼부부 & 부린이 질문 27가지
:어디에 어떤 집을 사야 할까?

Q. 결혼할 사람과 경제관념이 많이 달라요.

A. 그 결혼 꼭 해야 하나요?

"저는 신혼 초부터 열심히 모아서 내 집도 장만하고 큰 집으로 이사 가고 싶은 계획이 있는데 결혼할 상대방은 씀씀이가 크고 재테크나 투자에 대해서는 전혀 관심이 없습니다. 어떻게 해야 할까요?"

"30년을 살아오면서 생긴 경제관념이 그리 쉽게 변할 수 있을까요?"

결혼이란 약 30년간 서로 다른 환경에서 다른 생각을 하며 살던 사람이 만나 한 집에서 먹고, 자고, 생각하기로 약속하는 것입니다. 한 집에서 사는 것 뿐이지 꼭 같은 것을 먹고, 같은 생각을 하겠다는 뜻은 아닙니다. 물론 그럴 수도 없습니다. 결혼을 하고 부부 싸움을 하는 주된 이유가 무엇일까요? 나와 다르게 살던 사람을 내 기준에 맞춰 바꾸려다 보니 싸움이 일어나는 것입니다. 상대방이 살던 방식을 존중하면 싸울 이유가 없습니다. 물론 상대방의 방식을 존중하기 위해서는 한쪽의 희생이 따라야 하기 때문에 대화를 통해 맞춰 가는 과정이 필요합니다. 그럼에도 불구하고 바뀌기 어려운 부분은 틀림없이 존재합니다.

결혼 전 옷이나 명품에 치중했던 사람, 돈을 모아서 여행에 쏟아부었던 사람, 스트레스를 쇼핑으로 해소했던 사람에게 결혼했으니 이제부터 옷 그만 사고, 여행 가지 말고 저축하라고요? 상대방에게 이렇게 요구하면 차라리 감옥에 들어가는 게 낫다고 말할지도 모릅니다. 아무리 사랑해서 결혼해도 본인은 백화점에서 옷을 사는 게 아까워 안 가는데 상대방은 백화점에서 세일도 안 하는 옷을 사 온다면 기분이 어떨까요? 맞벌이를 하니까 옷쯤은 사 입어도 괜찮다고 생각할 수 있지만 그것마저 같이 아껴 줬으면 하는 아쉬움이 들기 마련입니다.

경제적 자유는 한 사람만 노력해서는 쉽지 않습니다. 목표를 향해 가는 동안 배우자의 협조가 절실히 필요한 상황이 있기 때문입니다. 대출을 이용해 투자한다면 원리금 상환을 마칠 때까지 같이 아껴야 합니다. 외식비를 줄이려면 어느 한쪽은 조금 고달파질 수밖에 없습니다. 교육비를 아끼려면 학원에 보내는 대신 집에서 직접 아이들을 붙잡고 공부를 시켜야 할 수도 있습니다. 그럴 때마다 "당신 때문에 내가 왜 사서 고생이야"라는 생각이 든다면 과연 가정이 화목하게 유지될 수 있을까요?

라떼스러운 말이지만 예로부터 결혼은 비슷한 사람끼리 하는 게 좋다고 합니다. '비슷'하다는 의미가 예전과는 많이 달라졌을 수 있겠지만 저는 경제관념이 비슷하고, 삶의 목표가 비슷한 사람끼리 결혼하는 게 좋다고 생각합니다.

만약 제 자식이 당장 돈 없는 사람과 결혼하겠다고 해도 경제관념이 확실한 사람이라면 잘 살아 보라고 격려할 것 같습니다. 하지만 경제관념 없이 사치를 즐겨 하는 사람을 데려온다면 다시 생각해 보라며 말릴 것 같습니다.

그렇다고 결혼하려던 사람과 이제 와서 헤어질 수도 없고, 당장은 이야기해 봐야 감정만 상할 것 같아서 결혼 후에 이야기하려 한다고요? 아니요. 그러면 안 됩니다. 회피하면 할수록 말을 꺼내기 더 어려워집니다. 결혼 전에 경제관념에 대해 진지하게 대화를 나눠야 합니다.

- 상대방을 나에게 맞춰야겠다는 생각은 하지 않기
- 같이 하지는 못하더라도 내가 공부하고 투자하는 것에
  무턱대고 반대하지 않기
- 씀씀이를 줄이고, 결혼 전에 하던 것을 다 못하더라도
  가족을 위하는 일이라 생각하고 함께 노력하기

이 정도만 의견이 모아져도 시작하는 데 어려움은 없을 것입니다. 내가 지속적으로 노력하는 모습, 선택 과정에서 함께 고민하려는 노력, 작더라도 투자의 결실을 보여 주다 보면 어느새 상대방이 나의 든든한 지원군으로 바뀔지도 모릅니다. 강요와 설득에 의한 변화는 진짜 변화가 아닙니다. 상대방에게 맞춰 주려고 그런 척을 하는 것뿐이지요. 진정성 있는 변화는 함께하는 시간에 비례해서 서서히 나타납니다. 상대방이 나와 같은 경제관념을 가지지 않았다고 해서 좌절하거나 포기하지 말고 꾸준히 노력하는 모습을 보여 주기 바랍니다.

Q. 결혼할 때 부모님의 도움 없이 시작하려고 해요.

A. 굳이 그래야 할까요?

"부모님께서 신혼집을 장만할 때 보태 주신다고 하는데 죄송한 마음이 듭니다. 부족하더라도 우리 힘으로 시작한다고 말씀드릴까요?"

"아니요. 주신다고 하면 받으세요."

부모님도 당신만의 계획이 있습니다. 물론 우리를 키우느라 고생하셨고, 노후 준비도 해야 하지만 그렇다고 해서 자식이 결혼할 때 아무 계획이 없는 부모가 있을까요?

철부지 같은 자식이 혹은 사돈 될 집에서 부모님의 능력 이상으로 무엇인가를 요구한다면 그것은 막아야 합니다. 부모님의 상황도 모른 채 막무가내로 요구하는 자식은 등짝을 한 대 때리며 정신 차리라고 하고 싶습니다. 사돈집이 그렇게 나온다면 당장 결혼을 그만 두라고 설득하고 싶습니다. 소위 말하는 '기둥뿌리 뽑아서 결혼한다'고 할 정도로 무리한 결혼은 절대 해서는 안 됩니다.

그런 경우가 아니고 부모님이 계획한 범위 내에서 도움을 주시는 거라면 감사히 받는 게 맞습니다. 부모님께서도 생각한 만큼은 해 주셔야 흡족합니다. 자식이 부모의 도움을 거절하고 힘들게 시작하는 모습을 보면 마음 아파하실 수도 있습니다. 그것 또한 효도라고 할 수는 없습니다.

부모님께 지원을 받는 방법은 현명하게 선택할 수 있습니다. 가전, 가구, 자동차 등으로 받을 수도 있겠지만 투자를 위한 종잣돈으로 받을 수도 있겠죠. 경제관념이 있는 사람이라면 어떤 형태로 받는 게 좋을지 이미 답을 알고 있을 것입니다.

부모님의 지원을 감사하게 받되 결혼 이후에는 절대로 손을 벌리지 않아야 합니다. 당신들에게 이 돈으로 여행도 가고 맛있는 것 드시라고 하면 괜찮다고 하시겠지요. 그러니 결혼할 때 받은 것을 조금씩 돌려드린다는 생각으로 용돈도 드리고, 여행도 보내 드리고, 자주자주 찾아뵈면서 오래도록 효도하면 됩니다.

Q. 신혼부부인데 혼인신고를 빨리 하지 말라고 하던데요?

A. 혼인신고도 전략적으로 활용할 수 있습니다.

요즘은 결혼하고 곧바로 혼인신고를 하는 신혼부부가 드뭅니다. 혼인신고를 신중히 하는 이유에는 여러 가지가 있겠으나 부동산 투자 측면에서도 혼인신고는 전략적으로 사용할 만한 카드가 맞습니다.

하나, 신혼부부특별공급

주택청약에서 신혼부부특별공급(이하 신혼부부특공으로 통칭)이라는 혜택을 활용하기 위해서는 혼인신고를 빨리 하는 게 좋습니다. 다만 신혼이라고 해서 무조건 당첨되는 것은 아니므로 확률이 떨어진다면 과감하게 포기하는 것도 전략입니다. 따라서 혼인신고 전 또는 신혼부부특공을 넣기 전에 청약 공부를 자세히 해 보는 게 좋습니다.

둘, 비과세 전략

집값이 많이 올라도 세금을 많이 내야 한다면 수익은 생각보다 적습니다. 부동산 투자를 통해 실제 얻는 이익은 세후 수익임을 강조하는 이유입니다. 투자를 하고 수익이 났다면 세금에 대한 공부도 자세히 해야 합니다. 그중에서 비과세는 세금을 줄일 수 있는 핵심 전략입니다. 결혼 전 각각 집 한 채씩을 갖고 있었다면 결혼 후 한 채를 매도할 때 비과세 혜택을 받을 수 있습니다. 각각 1주택을 소유한 상태에서 혼인하여 2주택이 된 경우, 지방자치단체에 혼인신고한 날로부터 5년 이내에 먼저 양도하는 주택은 양도일 현재 2주택임에도 불구하고 1주택으로 보아 비과세를 적용받을 수 있습니다. 이때 비과세는 먼저 양도하는 주택에 적용되므로 두 집 중에서 양도차익이 높은 집을 먼저 매도하는 것이 좋습니다. 다만 양도차익이 더 많더라도 장기 보유 시 상승 여력이 더 높아 보인다면 매도 순서를 바꾸는 것도 현명한 방법입니다. 결국 투자 수익을 증대시키기 위해서는 부동산 시장의 흐름과 세금 등 다양한 면을 고려해야 하며 이것이 부동산 공부가 필요한 이유입니다.

셋, 각자 청약 당첨을 노린다면 혼인신고는 늦게

각자 청약통장이 있고 당첨 확률이 있다면 청약에 당첨된 후에 혼인신고를 하는 것이 유리합니다. 새 아파트를 가장 싸게 살 수 있는 방법이 청약인 만큼 많은 신혼부부들이 이 부분을 고민합니다. 하지만 가점제의 경우, 나이가 어리고 가정을 이루지 않은 세대는 최저점에 가깝기 때문에 당첨 확률이 현저히 떨어집니다. 따라서 청약 당첨 확률과 신혼부부특공까지 두루두루 고려하여 최선의 전략을 선택하는 것이 중요합니다. 부동산 투자도 많이 공부한 사람에게 좋은 기회가 오는 것은 분명합니다.

Q. 자금이 부족한 상황에서 서울 빌라 VS 경기도 아파트?

A. 그럼에도 불구하고 '서울'을 권합니다.

"곧 결혼을 앞둔 신혼부부입니다. 부족한 돈이지만 신혼집을 사서 시작하려고 합니다. 서울에서 구한다면 빌라 정도 가능하고 서울을 벗어나면 아파트도 가능할 것 같습니다. 과연 어떤 선택이 현명할까요?"

"살기에는 불편하겠지만 그럼에도 불구하고 서울입니다."

흔히 사람들이 서울은 한 번 나가면 다시 들어오기 힘들다고 합니다. 신혼 때 저 역시 그 말을 들었지만 그때는 귀에 들어오지 않았습니다. 제가 처음으로 집을 사려고 할 때 서울에 나홀로 아파트 VS 경기도 대단지 아파트 중에서 선택해야 했습니다. 저는 여러분이 예상하는 대로 경기도 대단지 아파트를 선택했고 결과적으로는 후회가 남습니다.

상승장에서 제일 많이 오르는 것은 가장 좋은 동네의 가장 비싼 아파트입니다. 사람들이 살고 싶어 하니 당연히 비쌉니다. 하락장에서 가장 덜 내리는 것 역시 바로 그런 아파트입니다. 같은 상승장을 겪더라도 서울과 경기도 아파트의 오름폭은 확실히 다릅니다. 같은 재개발 대상 구역이라도 서울과 경기도의 프리미엄 역시 확연히 다릅니다. 예상되는 분양가가 다르기 때문입니다.

직장이 경기도라서 근처에 신혼집을 고려하는 것은 가성비 좋은 결정입니다. 하지만 가성비 좋은 결정이 수익도 좋다고는 말할 수 없습니다. 만약 지금 사는 곳이 '아이가 생기고 혹은 아이가 학교 들어갈 때쯤에는 상급지 또는 서울로 이사 가야지'라는 생각이 든다면 그곳에서는 전세로 거주하고, 나중에 이사 가고 싶은 동네에 집을 미리 사 두는 것도 매우 좋은 방법입니다.

물론 신혼을 빌라에서 시작한다고 하면 주변 사람들이 안타까운 시선을 보낼 수도 있습니다. 집들이도 해야 하는데 창피할 것 같다는 생각에 결정을 망설이게 될 수도 있습니다. 신혼 집들이는 인생의 단 한 번뿐입니다. 안 하면 그만이기도 하고요. 남에게 보여지는 것에 연연해 인생에서 중요한 결정을 하는 데 실수하지 않기를 바랍니다.

Q. 부모님 소유의 (마음에 안 드는) 집에 들어가서 살라고 하는데요.

A. 감사합니다! 하고 들어가세요.

"부모님께서 전세를 구할 거면 현재 임대 주고 있는 부모님 명의의 낡은 집에 들어가서 사는 게 어떻겠냐고 하십니다. 솔직히 들어가기 싫은데 거절해도 될까요?"

"아니요. 절대 거절하지 마세요."

'금수저, 흙수저'라는 단어를 많이 들어 보셨을 겁니다. 아무리 쓰러져 가는 집이라도, 임차인을 내보내고 들어가야 하는 집이라도, 그런 집을 갖고 있는 부모님께 감사해야 합니다. 임차인의 보증금을 내어 줘야 하는 상황이라고 해도 담보대출이나 퇴거자금대출이 부모님 명의로 될 수도 있습니다. 내가 전세자금대출을 받는다고 해도 향후에 전세금을 올려 줘야 할 고민을 전혀 할 필요가 없습니다. 2년마다 전세계약을 갱신하며 오르는 전셋값을 만들기 위해 얼마나 많은 사람들이 아둥바둥 돈을 모으는지 안다면, 부모님 소유의 집에 들어가서 살 수 있다는 건 큰 혜택인지 깨닫게 됩니다.

집이 낡아서 배우자 될 사람이 싫어할 수도 있습니다. 하지만 돈이 없어서 겨우 얻은 집이 아니라 부모님이 갖고 계셔서 들어가는 집이라면 받아들이는 입장에서 새 아파트에 들어가지 못하더라도 조금은 덜 섭섭할 수 있습니다. 혹여나 오래되고 낡은 집이라서 싫었는데 이후에 재개발 구역에 속하기라도 하면 로또를 맞은 것과 다름없게 됩니다. 부모님이 제공해 주신 낡은 집에서 단순히 살았을 뿐인데 새 아파트를 준다는 거니까요. 설마 새 아파트가 되면 부모님이 들어와서 산다고 하시겠습니까? 재개발로 인해 추가되는 분담금만 부담하면 너희들이 들어가 살라고 하실 것이 분명합니다. 이게 로또가 아니고 무엇입니까?

내가 살고 있는 동안에 명의 변경을 안 해 줘도 괜찮습니다. 살면서 임대료 증액 없이 거주를 해결하고, 모이는 돈으로 다른 곳에 투자한다면 부모님은 최고의 레버리지를 증여해 주신 것과 다름없습니다.

제가 아는 지인 중 한 분의 이야기를 들려드립니다. 아들이 결혼을 하는데 자신의 이름으로 사 둔 청량리 미주아파트가 낡았다며 팔아서 다른 곳에 집을 얻어 달라고 했답니다. 아직 상승장이 시작되지 않아 본격적인 재건축 이야기가 나오기 직전이었습니다. 그때 미주아파트를 팔고 전셋집을 얻어 줬다면 지금 땅을 치고 후회하며 잠도 못 이루지 않았을까요?

Q. 거주할 동네를 고르는 기준이 있나요?

A. 네, 있습니다.

대체로 신혼집을 구하는 사람들은 아래와 같은 기준으로 거주지를 정합니다.

(1) 직장에서 가까운 곳 혹은 출퇴근하기 좋은 곳

(2) 서로의 직장에서 중간에 위치한 교통이 편리한 곳

(3) 양가 근처

(4) 기타

(1)과 (2)에 해당하는 요건을 '직주 근접'이라고 표현합니다. 사람들은 직장과 가깝거나 교통수단을 이용해 쉽게 통근할 수 있는 요건을 갖춘 동네를 선호합니다.

서울에서 일자리가 많은 지역으로는 강남과 여의도가 대표적입니다. 당연히 강남과 여의도 집값은 매우 비쌉니다. 신혼을 그곳에서 시작할 수 있다면 다른 사람들의 부러움을 살 만한 일입니다. 강남과 여의도로 쉽게 가는 방법은 지하철을 이용하는 것입니다. 여러 노선으로 환승이 가능한 트리플 이상의 역세권은 그러한 이유로 집값이 비쌉니다. 강남은 직장도 가깝지만 수도권의 거의 모든 지하철과 버스 노선이 관통하기에 점점 더 집값이 비싸지고 있습니다.

서울에서 직주 근접이 가능한 동네에 사는 것이 불가능하면 수도권으로 눈길을 돌리게 됩니다. 강남으로 출퇴근이 용이한 지하철 노선이 있는 지역은 특히 집값이 비싸지는 이유입니다. 경기도와 서울을 연결하는 노선 중에서 강남 접근성이 가장 큰 노선은 단연코 신분당선입니다. 그래서 신분당선이 지나는 경기도 지역의 집값이 크게 상승했습니다.

자녀가 태어나기 전까지는 직장과의 거리가 우선순위로 고려되지만, 아이가 태어나면 상황이 달라집니다. 대부분의 사람들은 아이가 태어날 무렵이나 아이가 학교에 입학할 무렵에 이사를 고민합니다. 그렇기 때문에 미래 상황을 충분히 고려하여 선택하는 게 중요합니다.

Q. 양육을 고려한다면 친정 근처 VS 시댁 근처, 어디가 좋을까요?

A. 육아를 도와줄 수 있는 부모님 댁 근처를 추천합니다.

신혼 때 직장을 중심으로 거주지를 선택했다면 아이가 생기는 시점에 다시 한 번 이사를 고민하게 됩니다. 부모님의 도움 없이 아이를 키우겠다고 굳은 결심을 했더라도 키우다 보면 생각이 달라집니다. 부모님의 도움이 전혀 필요하지 않다고 자신해서는 안 됩니다. 만약 전업주부로 외벌이를 한다면 고민할 부분이 아닐 수도 있습니다. 하지만 요즘은 결혼 후에 바로 외벌이하는 가정이 많지 않기에 같이 한번 고민해 보겠습니다.

산후조리부터 부모님의 도움은 필요합니다. 도우미를 쓴다고 해도 어디까지나 고용인과 피고용인 관계일 뿐입니다. 출근 시간에 오고 퇴근 시간에 갑니다. 아이가 도우미 출근 시간에 맞춰 일어나고, 퇴근 시간에 맞춰 잠을 잘까요? 오히려 도우미가 오면 잠만 자다가, 가고 나면 울기 시작하는 경우가 더 많습니다. 혼자 육아할 수 있다고 자신하다가 산후우울증에 걸리기도 합니다.

그럼 아이가 학교에 입학하면 좀 나아질까요? 절대 아닙니다. 초등학교 1~2학년은 수업을 마친 후 점심 먹고 하교해도 12~1시면 집에 옵니다. 유치원에 보낼 때보다 더 빨리 집에 오니 맞벌이 부부라면 환장할 노릇입니다. 초등학교에 막 입학한 3월에는 적응 기간에 따라 10시에 집에 오기도 합니다. 계속 바뀌는 하교 시간에 맞춰 도우미를 고용하기도 쉽지 않습니다. 이럴 때 어쩔 수 없이 부모님에게 도움을 요청하게 됩니다. 당연히 가까이에 계셔야만 가능한 상황입니다. 무엇보다도 남이 아닌 가족이 아이를 보살피고 있다는 심리적 안정감은 다른 무엇에도 비할 수 없습니다. 따라서 양육을 고려해 거주지를 옮길 생각이라면 부모님 중에서 급한 상황이 닥쳤을 때 올 수 있는 분이 누구인지 생각해 보고 정하는 것이 현명합니다.

만약 결혼이 늦어져 바로 아이를 가질 계획이라면 처음부터 이런 부분을 고민하고 거주지를 결정하는 것이 현명합니다. 이 사야 돈을 주고 맡기면 쉽게 되는 세상이라고 해도 굳이 여기저기 돈을 뿌려 가며 이사를 다닐 필요는 없으니까요.

Q. 처음부터 학군지에서 시작하는 것은 어떨까요?

A. 강력 추천합니다.

사람마다 아이를 키우는 방법도 제각각입니다. 교육에 있어서도 마찬가지입니다. 특히 부모의 교육관은 아이가 커 가면서 거주지 선택에 큰 영향을 줍니다. 아이가 태어나기 전에는 자신이 소위 말하는 '극성 학부모'가 될 것이라고 생각하는 사람은 별로 없습니다. 그런데 아이를 키우다 보니 자신이 '극성 학부모'가 되었다는 사람들이 많습니다. 특히 부모 중 어느 한쪽만 그런 경우가 많지만, 간혹 부모 모두 공부와 성적에 관심이 많아 아이의 교육에 올인하기도 합니다.

중요한 것은 그래서 어떻게 할 것이냐 입니다. 선택지는 2, 3가지로 좁혀집니다.

하나, 처음부터 학군지에서 시작한다.

사실 공부라는 목표를 생각하면 가장 맞는 선택입니다. 누가 처음부터 대치동에서 시작하면 좋다는 걸 모르나요. 집값이 비싸서 쉽게 들어갈 수 없으니 고민하는 것이죠. 아직 학군지 프리미엄이 필요하지 않은 영유아기부터 비싼 대치동 집값을 깔고 앉아 있는 게 아깝다고 생각하는 사람도 있습니다. 레버리지 활용 측면에서는 전략적인 고민이라고 할 수 있습니다. 그래서 처음부터 학군지에서 시작하지 않는 사람들은 두 번째 전략을 활용합니다.

둘, 영유아기에는 다른 지역에서 살다가 학령기가 되면 이사한다.

대체로 이사를 고민하는 시기는 유치원 입학(5살), 초등학교 입학(8살), 초등학교 고학년(11살), 중학교 입학(14살)을 앞둔 시기입니다. 요즘은 유치원 때 형성된 그룹이 중요하다는 인식이 늘면서 5살 전후로 이사를 고민하는 사람들도 많습니다. 그때는 너무 이르다고 생각된다면 초등학교 입학부터는 앞으로 쭉 살 곳으로 이사하는 것도 좋습니다. 조금 늦더라도 초등학교 4학년까지는 이사를 해야 합니다. 학군지는 늘 과밀 학급이어서 중학교 배정의 경우 오래 다닌 아이들이 우선 배정되기 때문입니다. 또한 초등학교 4학년을 전후로 영재반이 편성되기 때문에 늦어도 4학년 정도까지는 학군지로 이사를 결정해야 합니다. 물론 중학교 입학, 고등학교 입학 시기 등에도 이사가 가능하지만 전학이 늦으면 늦을수록 학교 적응, 사춘기 시절 교우 관계 형성 등에서 어려움을 겪을 가능성이 커지기 때문에 가능하면 초등학생 시기에 결정하는 것이 좋습니다. 만약 학령기에 학군지로 꼭 가야겠다는 계획이 있다면 미리 학군지에 내 집을 장만해 두고 임대를 줬다가 이사 시기를 조정하여 입주하는 것도 좋은 전략입니다.

Q. 결국 대치동으로 가지 않으면 후회할까요?

A. 그럴 가능성이 높습니다.

물론 공부에 올인하는 부모에 한정된 이야기입니다. 아이를 키우면서 "대치동으로 이사를 가야 할까?" 하고 한 번이라도 고민한 부모라면 결국 입시가 끝나는 시기까지 그 고민은 멈추지 않을 것입니다. 만약 간발의 차이로 원하는 대학에 입학하지 못했다면 "대치동에 가서 교육을 시켰으면 결과가 달라졌을까?" 하며 후회할 게 분명합니다. 여건이 안 되는데 무리해서 이사를 가야 한다면 한 번 더 생각해 보세요. 여건은 되는데 가야 할까를 고민한다면 "고민하지 말고 이사 가세요"라고 저는 조언합니다.

간혹 대치동은 너무 무섭고, 목동이나 잠실, 중계동에서 해보다가 대치동으로 이사 가면 어떻겠냐고 물어보는 사람들도 있습니다. 분명 일 년도 안 돼서 대치동으로 가지 않은 것을 후회할 것입니다. 그러니 처음부터 대치동을 목표로 고민하는 게 낫습니다. 대치동이라고 해서 모든 아이들이 밤늦게까지 학원을 다니고 공부에 올인하는 것은 아닙니다. 대치동에서 살면 학원 인프라를 쉽게 누릴 수 있다는 장점이 있을 뿐, 모든 사람들이 그 장점을 누리는 것은 결코 아닙니다. 그토록 궁금했던 대치동으로 이사 와서 예상한 것과 같은 교육 효과가 있는지 경험해 보면 됩니다. 생각한 것보다 실망스럽다면 다시 살던 곳으로 이사 가면 되고요. 대치동에서 그 외 지역으로 이사를 가면 왠지 적응하지 못하고 도망가는 듯 보인다며 망설이는 사람도 있지만 아무도 그렇게 생각하지 않습니다. 아무도 루저라고 생각하지 않습니다. 맞지도 않은 동네에서 맞지도 않은 옷을 걸치고 힘들게 적응하기 위해 노력하며 고통만 가중할 뿐입니다.

처음부터 학군지에서 시작하지 못하고, 학군지에 대한 로망이 없어지지 않는다면 아이가 몇 살 때 이사 갈 수 있을지 계획을 세우고 미리 그곳에 집을 사 두는 것을 추천합니다. 덧붙여 대치동은 넘사벽이라며 목동이나 잠실, 중계동처럼 대안을 고민하지 말고 처음부터 대치동 입성을 목표로 계획을 세우기를 권합니다. 아이에게 전학은 삶에서 가장 큰 스트레스를 주는 요소입니다. 전학은 가능하면 하지 않는 것이 좋고, 어쩔 수 없이 한다면 최소한으로 해야 합니다. 부모가 교육관을 확실히 정하고, 아이에게 최소한의 스트레스를 주는 방향으로 가족의 거주지를 현명하게 결정해야 합니다.

Q. 자연 친화적인 곳에서 살고 싶어요.

A. 평생 그곳에서 살아야 할 수도 있습니다.

"저는 복잡한 동네가 싫습니다. 집을 고를 때 교통이 중요하다고 하는데 요즘 대부분 차가 있으니 지하철이나 버스가 그렇게 중요할까요? 교통이 조금 불편하더라도 주변에 산도 있고 공원도 있는 동네에서 살고 싶습니다. 그런데 이런 말을 하면 주위에서 모두 반대합니다. 그런 곳에 집을 사면 절대 집값이 오르지 않을 거라고 합니다. 평생 살 집인데 집값이 안 오르면 어떤가요? 내가 살고 싶은 취향대로 집을 사는 것이 어리석은 선택인가요?"

우선 본인이 평범한 취향은 아님을 인정해야 합니다. 그런 곳에 집을 사면 원하든, 원하지 않든 평생 살아야 할 수도 있습니다. 집값이 오를지 혹은 다른 집에 이사 가고 싶어도 팔 수 있을지도 의문입니다.

한 집에서 평생 살 생각이라면 잘 팔리는 집이든 집값이 오르든 크게 상관없을 수 있습니다. 하지만 한 집에 평생 살 거라고 어떻게 확신하나요? 아이가 커 가면서 큰 평수로 이사를 가야 할 수도 있습니다. 부득이 전혀 다른 동네로 이사해야 할 일이 생길 수도 있습니다. 내 집을 팔아야 한다고 생각해 보세요. 내 취향에 맞춘 아파트를 다른 사람들이 좋아할지가 중요합니다. 내가 만약 다수의 사람들과 비슷한 취향이라면 문제될 것이 없습니다. 다수가 선호하는 취향이란 흔히 사람들이 말하는 '입지'라는 조건입니다.

교통이 편리하고, 좋은 학교로 배정 받고, 학원가가 주변에 형성되어 있으며, 대단지에 커뮤니티가 잘 갖춰진 아파트가 대중들이 선호하는 아파트입니다. 물론 자연환경이 좋은 점도 입지 요소에 해당하지만 다른 편의시설은 없고 자연환경만 좋다면 사람들이 그곳을 선택할지는 의문입니다.

잘 팔리는 집은 내가 좋아하는 집이 아닙니다. 대중들의 일반적인 취향을 선택해야 합니다. 복잡한 것을 싫어하는 것은 개인의 취향이며 대부분의 사람들은 교통이 좋고 음식점이 많고 편의시설이 많은 동네를 더 선호합니다. 거기에 산도 있고 공원도 있으면 금상첨화지만 교통이 안 좋은데 공원만 있다면 선호하는 아파트가 될 수 없습니다. 아파트를 선택하기 전에 자신의 취향이 대중적인지, 그렇지 않은지 주변 사람들에게 물어서 확인 받는 방법도 좋습니다.

Q. 부동산으로 돈을 벌려면 엉덩이가 가벼워야 한다고 하던데요.

A. 맞습니다.

신혼이나 자녀가 어릴 때는 이사하면서 자산을 늘리기에 가장 적합한 시기입니다. 자녀가 유치원이나 학교에 들어가면 동네를 옮겨 이사하기란 쉽지 않습니다. 어쩔 수 없이 이사를 한다고 해도 전학이 필요 없는 인근으로의 이사를 고민할 뿐입니다.

"부동산으로 돈을 벌려면 엉덩이가 가벼워야 한다."는 말이 있습니다. 저 또한 이 말을 사람들에게 많이 하는 편입니다. 그렇다고 해서 지역을 옮겨 다닐 필요는 없습니다. 같은 동네에서도 2년마다 한 번씩 이사하며 자산을 불릴 기회가 있기 때문입니다.

오랫동안 신축이 지어지지 않은 동네에 신축 아파트가 들어서면 단번에 대장 아파트가 됩니다. 입지가 조금 별로여도 상관없습니다. 동네에 아파트가 다 낡았는데 신축이라는 이유 한 가지만으로도 다른 불편함은 모두 상쇄되기 때문입니다. 새 아파트가 미분양 없이 입주를 하고 시세까지 상승하면 건설사들은 가만히 있지 않습니다. 이때다 싶어 줄줄이 분양에 나섭니다. 이후 동네에 새 아파트 분양이 줄줄이 이어지면 순서대로 분양가는 점점 상승합니다. 그럼에도 불구하고 분양이 성공적으로 이어지면 기존 구축 아파트 역시 가격이 덩달아 상승합니다. 이런 선순환 속에서 신축 아파트들은 성공적으로 입주를 마칩니다. 여기서 엉덩이가 가벼운 사람이 크게 자산을 불릴 기회가 생깁니다. 동네에서 오랜만에 새로 분양하는 아파트를 분양 받아 2년 살고 비과세로 매도하기를 2, 3번만 반복해도 시세 차익은 몇 십억에 이릅니다. 실제 2014~2021년 상승장에서 제가 사는 지역에서 일어났던 일입니다.

'다른 동네로 가는 것도 아니고 지금 사는 아파트가 불편하지도 않은데 굳이 힘들게 이사할 필요가 있을까?' 하는 안일한 생각에 빠져 있다가 좋은 기회를 놓치게 됩니다.

한 집에서, 한 동네에서 오래 사는 게 더 이상 미덕인 세상이 아닙니다. 그나마 아이가 어려 거주지를 옮기기 쉬울 때, 학교 때문에 옮기기 힘들다면 동네 안에서라도 부지런히 움직이며 자산 상승의 기회를 꼭 잡기를 바랍니다.

Q. 공부 먼저 하고 집을 산다 VS 집을 사고 나서 공부한다

A. 당장 할 수 있는 것부터 시작하면 됩니다.

집을 사기 위해서는 가슴으로는 필요성과 당위성을 받아들여야 하고, 머리에서는 정보를 모아 나만의 선택지를 만들어야 합니다. 결단력을 끌어모아야 하고, 없는 용기를 짜 내야 합니다. 어느 하나라도 부족하면 실행이 어렵습니다. 부족한 부분을 채우기 위해 우리는 많은 시간과 노력을 들여 해당 분야에 대한 공부를 해야 합니다.

물론 자신이 아는 선에서 실행부터 하는 사람도 있습니다. 앞뒤 재지 않고 질렀는데 성공한 경우도 물론 있습니다. 부동산 투자에서도 그런 케이스는 종종 있습니다. 하지만 결국 성공한 그들에게는 분명한 이유가 있습니다. 저는 그 이유를 이렇게 생각합니다. 자기의 행동에 책임을 지기 위해, 잘못된 선택을 만회하기 위해 열심히 공부했을 것이라고요.

공부한 후에 매수할 경우, 많이 준비하고 실행했기에 리스크가 줄어든다는 장점이 있습니다. 단점은 공부만 계속하다 결국 한 번도 매수하지 못한 채 시간만 보낼 수도 있습니다.

매수한 후 공부할 경우, 가격이 상승하기 전에 기회를 잡을 수 있는 가능성이 큽니다. 뭣도 모르고 샀는데 그 후에 상승장을 만나 뭘 사도 오르는 최고의 시기를 맞을 수도 있습니다. 단점은 남들보다 빨리 사기는 했는데 알고 보니 덜 오르거나, 안 오르거나, 안 팔리는 물건을 매수할 수도 있다는 점입니다. 선매수의 가장 큰 장점은 공부가 훨씬 잘 된다는 점입니다. 막상 샀는데 잘 산 건지, 잘 팔릴지 검증하고 싶은 생각에 공부가 훨씬 빨리 됩니다. 잘못 샀다고 해도 실수를 만회하려고 더 열심히 공부하게 되고 실패를 만회할 기회도 만들 수 있습니다.

무엇보다 중요한 것은 '실행'입니다.

아무것도 안 하는 게 가장 어리석은 선택입니다.

Q. 집을 사는 방법에는 어떤 것들이 있나요?

A. 청약, 일반 매매(부동산 방문), 경매, 재개발·재건축 등이 있습니다.

· 청약 : 새 아파트를 사는 가장 좋은 방법

· 매매(부동산 방문) : 평범한 사람들이 집을 사는 방법

· 경매 : 난이도가 높지만 조금 더 싸게 사려고 노력하는 방법

· 재건축·재개발(정비사업) : 새 아파트가 될 가능성을 보고 낡은 집에 들어가서 사는 방법

청약에 당첨되는 것이 신축을 싸게 사는 가장 좋은 방법입니다. 새 아파트를 저렴하게 살 수 있는 만큼 경쟁률도 매우 높습니다. 추첨제가 아닌 가점제로 당첨자를 뽑을 경우 사회 초년생은 가점이 적어 매우 불리합니다. 집값이 폭등하는 시기에는

당첨만 기다리다가 주변 집값이 오르는 걸 지켜봐야 할 수도 있습니다. 청약통장에 가입하고 청약 관련 책을 한두 권 정도 읽어 보면서 청약제도를 꼼꼼히 공부하는 것이 좋습니다.

일반적으로 집을 사려면 부동산에 가서 나온 물건을 알아보면 됩니다. 요즘은 온라인으로 미리 매물을 검색할 수 있습니다. 네이버부동산에 아파트 이름을 검색하면 부동산에 나와 있는 매물들을 미리 확인할 수 있습니다. 적당한 매물이 있다면 해당 부동산에 전화해 방문 약속을 잡고 집을 보러 갑니다. 부동산에 가서 설명을 듣고 집을 여러 곳 보면서 비교한 후에 최종 선택을 하면 됩니다.

근저당(빚) 등 복잡한 권리관계로 인해 소유권이 넘어간 집을 싸게 살 수 있는 방법이 경매입니다. 법적인 권리관계를 두고 다투는 만큼 공부해야 할 것이 많지만 경매로 낙찰 받는 방법을 배운다면 집을 싸게 사는 좋은 무기를 하나 더 장착하는 것과 같습니다. 다만 첫 집부터 경매를 받아야겠다는 마음으로 접근하기보다는 싸게 집을 살 수 있는 도구로 두고 두고 활용하겠다는 생각으로 배우기를 추천합니다.

도심에는 더 이상 집을 지을 빈 땅이 없습니다. 도시는 낡아가는데 빈 땅이 없으니 새 집을 공급할 수 있는 방법은 오래된 집을 허물고 새로 짓는 방법뿐입니다. 신축 아파트를 청약 당첨이 아닌 다른 방법으로 살 수 있는 게 바로 재건축·재개발 사업의 조합원이 되는 것입니다. 다만 이 방법으로 새 아파를 얻기 위해서는 오랜 시간과 많은 공부가 필요합니다. 시간과 노력이 많이 드는 만큼 상승장에서 크게 오르는 게 바로 재개발·재건축이기도 합니다. 처음에는 어렵게 느껴지겠지만 정비사업(재개발·재건축)과 관련된 책을 여러 권 읽어 보며 공부하길 권합니다.

Q. 부동산을 선택하는 팁이 있을까요?

A. 팁 몇 가지를 알려드립니다.

하나, 집주인 확인 매물이 많은 중개사

네이버부동산에서 관심 있는 아파트의 주소를 검색하면 부동산에 나와 있는 매물리스트를 확인할 수 있습니다. 매물마다 물건을 갖고 있는 중개사를 확인할 수 있고 중개사 정보와 위치도 확인할 수 있습니다. 이 정보 속에 부동산을 고르는 꿀팁이 숨어 있습니다.

집주인 확인 매물이 많다는 것은 동네를 잘 아는 토박이 중개인이거나, 수완이 좋아서 집주인들과 친분을 잘 쌓은 중개인이라는 의미로 해석할 수 있습니다.

둘, 중개인 소개란에 휴대전화 번호가 등록되어 있는 중개사

중개인 정보를 보면 사무실 번호만 있는 곳이 있는가 하면 휴대전화 번호도 함께 적혀 있는 곳도 있습니다. 휴대전화 번호가 있으면 전화나 문자를 보내기에 편리합니다. 물론 사무실 전화가 휴대전화로 연결되도록 등록한 중개인이 더 많겠지만 일과 후에는 연락 받기 싫어하는 분이라는 편견을 갖게 만듭니다. 저라면 사무실 전화를 연결시키느니 휴대전화 번호를 적어 놓을 것 같습니다.

셋, 단지 정문이나 사람들이 많이 다니는 곳에 위치한 중개사

직접 가지 않아도 네이버지도에서 사무실 위치를 확인할 수 있습니다. 단지 정문처럼 사람이 많이 다니는 곳에 위치한 사무실이 기본적으로 매물도 많고 방문자도 많을 가능성이 높습니다.

넷, 상가 코너에 위치하거나 간판이 오래된 중개사

미리 정보를 확인했을지라도 현장에 가면 들어가 보고 싶은 중개소가 있습니다. 상가 임대료가 다른 곳보다 비쌀 것 같은 코너 자리에 있거나 간판이 허름해서 터줏대감으로 보이는 중개소는 한 번 쯤 들어가 보면 좋습니다. 코너에 있는 상가는 높은 임대료를 내면서 유지해야 하니 영업이 잘 되는 곳일 수 있습니다. 또는 입주 초기부터 자리 잡은 중개인일 가능성도 있습니다. 물론 입주 초기에 문을 연 중개소를 프리미엄을 주고 인수했을 수도 있지만 프리미엄은 결국 집주인 리스트인 만큼 매물이 많고 거래도 많은 중개소일 가능성이 높습니다.

Q. 부동산에 들어가기 겁나요.

A. 나에게 도움을 줄 중개인을 딱 한 명만 만나도 충분합니다.

공부가 어느 정도 되었으면 현장에 나가 부동산을 방문해 보라고 권합니다. 의외로 공부보다 현장에 나가는 것이 더 어렵게 느껴진다는 사람들이 많습니다.

"부동산에 들어가면 무슨 말부터 해야 할지 모르겠어요."
"당장 사지 않을 거여도 살 것처럼 행동하라고 하던데요."
"기왕이면 남녀가 같이 가서 부부처럼 행동하면 좋다던데요."
"수첩을 꺼내면 초보 티가 난다고 꺼내지 말라고 하던데요."
"한 번은 집을 살 것처럼, 다른 한 번은 전세를 얻을 것처럼 들어가 보라고 하던데요."

이런 이야기를 들으면 저는 그냥 '정직'하게 도움을 요청하라고 조언합니다.

"투자를 해 보려고 하는데 이 지역은 처음이라 자세하게 설명을 듣고 싶어요."

"최대한 투자금이 적게 들어가는 매물 좀 찾아 주세요."

"당장 결정할 수는 없지만 조건에 맞는 매물이 나오면 투자할 테니 매물이 나오면 연락 주실 수 있을까요?"

어떤 지역에서는 투자자는 반갑지 않다며 문전박대를 당한 곳도 있었습니다. 어떤 지역에서는 연락처를 남기고 가라는 말도 듣지 못하고 나와야 했습니다. 어떤 지역에서는 연락처를 남겼지만 한 번도 연락을 받지 못했습니다. 하지만 어떤 지역에서는 열심히 사는 모습이 기특하다며 성심성의껏 설명해 주었습니다. 어떤 지역에서는 꾸준히 연락을 주고받다가 결국 투자로 인연을 맺은 곳도 있습니다.

저 역시 새로운 곳을 방문할 때마다 어떤 중개인을 만날지 기대감 반 걱정 반입니다. 낯선 곳에 부동산 문을 열면서 나에게 도움을 줄 수 있는 분과 만나기를 기대하지만 모든 곳에서 그런 환대를 받지는 못합니다. 하지만 환대 받지 못해도 상관없습니다. 딱 한 곳이라도 나를 도와줄 수 있는 중개인을 만나면 그 지역에서 투자하는 데 아무 문제 없습니다. 한두 번 부동산 문을 두드렸으나 환대 받지 못했다고 해서 포기하면 안 됩니다. 부동산 투자로 성공하겠다는 목표를 세웠다면 한두 번의 거절에 좌절하면 안 됩니다. 여러 번 두드리다 보면 나에게 도움을 주는 투자 파트너를 반드시 만나게 됩니다.

Q. 나중에 방문한 부동산에서 이미 본 물건을 소개해 준다면?

A. 이미 소개 받은 물건임을 꼭 밝혀야 합니다.

부동산을 한 곳 이상 방문하면 소개 받는 매물이 겹치기도 합니다. 이런 경험이 처음이면 다른 부동산에 갔다 왔다는 말을 하는 게 왠지 미안해서 아는 척을 해야 하나 당황하게 됩니다. 아예 처음 듣는 매물인 것처럼 가만히 있기도 하고, '들은 것 같은데요'라며 상황을 모면하기도 합니다.

하지만 이 상황에서 꼭 해야 하는 행동은 '이미 다른 부동산에서 소개 받은 물건'임을 정확하게 밝히는 것입니다. 먼저 이 부동산에 방문하지 못한 것은 아쉽지만(미안할 일은 절대 아닙니다) 이전 부동산에서 소개 받은 물건임을 밝혀야만 나중에 거래가 성사되었을 때 중개수수료를 누가 받느냐는 논쟁에서 자유로울 수 있습니다. 부동산 관례상 가장 먼저 소개 받은 중개소에서 거래하는 게 맞습니다.

물론 집주인이 한 부동산에만 독점으로 매물을 의뢰하면 문제 될 것이 없습니다. 문제는 집주인이 여러 부동산에 매물을 내놓는다는 점입니다. 이런 경우 처음에 물건을 소개 받은 곳에서 계약까지 마무리하는 게 좋습니다.

그런데 예를 들어 A부동산에 먼저 방문해 1억에 해당 물건을 소개 받았는데, B부동산에서 같은 물건을 9,500만 원에 소개하고 거래를 성사시키겠다고 한다면 여러분은 당연히 B부동산과 거래하고 싶겠죠. 이럴 때는 어떻게 하면 좋을까요?

우선은 A부동산에 연락해서 B부동산에서는 9,500만 원까지 거래를 성사시켜 줄 수 있다고 한 점을 솔직하게 이야기합니다. 같은 금액으로 성사된다면 A부동산과, 안 된다면 B부동산과 거래를 하겠다고 말하면 됩니다. 그럼 A부동산에서는 집주인과 조율을 시도합니다. 그런데 이런 일이 실제 일어날까요?

집주인과의 오랜 인연이나 사적인 인연, 중개인의 능력에 따라 충분히 발생할 수 있는 일입니다. 물론 중개소마다 가격을 다르게 책정하면 그 집주인과 거래할 부동산은 그리 많지 않을 것입니다. 집주인이 특정 중개소와 거래하기를 바라는 것이 아니라면 같은 조건으로 조정 될 가능성이 큽니다. 만약 조정이 되지 않는다면 그것은 중개인의 역량에 달린 것이며, 이 경우 더 낮은 가격을 제시한 부동산과 거래해도 됩니다. 다만 첫 부동산과 매도인이 껄끄럽게 되겠지요. 그들 간의 껄끄러움은 매수하는 사람과 아무 상관이 없으니 처음 부동산에 솔직하게 이야기하고 낮은 가격을 제시한 부동산과 거래해도 문제 되지 않습니다.

Q. 이왕이면 대단지 아파트를 선택하라고 하던데요?

A. 대단지 아파트가 좋은 이유가 있습니다.

서울에서 현재 단일 단지로 가장 많은 세대수를 가진 아파트는 가락시영아파트를 재건축한 송파 헬리오시티(총 84개동 9,510세대)입니다. 이 타이틀은 재건축이 진행되고 있는 둔촌주공아파트가 완공되면 넘겨 줘야 할 것으로 보입니다. 둔촌주공아파트 재건축으로 탄생할 둔촌 올림픽파크 에비뉴포레는 총 85개동 1만 2,032세대입니다. 단군 이래 최대 규모의 재건축이라고 불리는 이유입니다. 둔촌주공아파트 단지를 둘러싸고 지하철역이 두 개나 있을 정도입니다. 단지 하나가 동네 하나를 이루었다고 해도 무방합니다.

그럼 대단지 아파트가 좋은 점은 무엇일까요?

세대수가 많다 보니 커뮤니티 시설을 많이 지을 수 있습니다. 단지 내에 웬만한 편의시설은 다 갖춰져 있습니다. 단지 내에 주민센터나 도서관 같은 공공시설이 들어오기도 합니다. 헬리오시티는 단지 내에 초등학교가 두 개나 있어서 학령기 자녀를 둔 학부모들이 선호할 수밖에 없습니다. 대단지 아파트는 관리비를 많은 세대가 나누어 부담하므로 관리비 부담도 적습니다. 요즘 유행하는 조식 서비스 역시 세대수가 많아야 가격 경쟁력이 생겨 가능합니다. 세대수가 많다 보니 단지 내 상가도 활성화됩니다. 웬만한 프랜차이즈 업종은 모두 입점하곤 합니다. 단지 내 상가나 근린상가에 자연스럽게 학원가가 조성되기도 합니다. 아파트 주변이 동네의 핵심지가 되어 생활하기에 더할 나위 없는 환경이 조성됩니다. 이것이 대단지 아파트의 장점입니다.

대단지의 기준은 명확하지 않으나 대체로 1,000세대가 넘으면 대단지 아파트라고 불립니다. 누구나 대단지 아파트에 살고 싶지만 서울시 전체를 검색해 봐도 1,000세대 이상 아파트는 생각보다 많지 않습니다.

다만 단지 하나는 1,000세대가 안 되더라도 아파트 단지가 밀집해 있다면 대단지 아파트의 시너지가 발생하므로 1,000

이라는 숫자 자체를 고집할 필요는 없습니다. 시립어린이집이 의무적으로 들어오는 세대수의 기준은 500세대 이상입니다. 500세대 이상만 돼도 어느 정도 커뮤니티 시설이 갖춰집니다.

어떤 아파트를 선택해야 할지 모르겠다면 거주하려는 동네에서 가장 세대수가 많은 아파트이거나, 아파트 단지가 밀집된 동네를 먼저 고려하는 것을 추천합니다.

Q. 아파트 VS 빌라 VS 오피스텔 VS 주상복합

A. 아파트부터 시작하면 됩니다.

막상 집을 사야겠다고 마음먹으면 우리 주변에 다양한 주거 형태가 있음에 놀라곤 합니다. 그럼 아파트, 빌라, 오피스텔, 주상복합 등 여러 종류의 집들 중에서 어떤 것부터 알아보면 될까요?

잘 모르겠다면 일단은 아파트만 보면 됩니다. 대한민국은 아파트 공화국이라고 합니다. 아파트는 가장 많은 사람이 거주하면서 거래량이 가장 많은 주택 유형이기도 합니다. 거래량이 많다는 것은 정보를 많이 얻을 수 있음을 의미합니다. 네이버 같은 검색 서비스를 이용하면 해당 아파트에 대한 기본 정보는 물론, 실거래가, 거래량, 매물 수 등 거의 모든 정보를 찾아볼수 있습니다. 그런 점에서 정보가 명확하게 드러나지 않은 영역에서는 정보의 불균형으로 인해 손해를 볼 가능성이 높아집니다. 빌라는 규격화 된 평형이나 구조가 존재하지 않기 때문에 적당한 가격을 알기가 쉽지 않습니다. 그만큼 잘못된 가격에 살 가능성이 높아진다는 의미이기도 합니다. 따라서 정보를쉽게 얻을 수 있는 아파트를 먼저 고려하는 것을 추천합니다.

빌라는 대체로 재개발이나 재건축과 같은 정비사업 가능성이 있는 경우에 투자 대상이 됩니다. 예전에는 신혼부부들이전세금이 부족해 빌라를 선택하곤 했지만 지금은 전세자금대출로 인해 아파트에서 신혼을 시작해도 그리 큰돈이 필요하지않게 되었습니다. 그래서 신혼부터 아파트에서 시작하는 부부들이 늘고 있습니다.

전세자금대출로 인해 빌라에 대한 선호도가 조금 낮아지기는 했지만, 서울 도심에 새 아파트를 공급할 땅이 부족해지면서 오히려 빌라 매수가 활발한 지역도 생겨 납니다. 낡은 빌라에서 불편함을 감수하고 거주하다(일명 '몸테크') 정비사업으로새 아파트가 되면 조합원으로서 우선 배정을 받을 수 있기 때문입니다. 실제 정비사업이 진행되면 로또만큼 큰 수익을 기대할 수 있습니다. 하지만 정비사업은 시간과의 싸움이기 때문에 쉽게 접근하기 힘든 부분도 있습니다. 따라서 아파트보다 투자 난이도가 높습니다.

주상복합은 아파트와 같은 듯 다릅니다. 일부 지방 도시에서는 주상복합에 대한 편견으로 아파트와 가격차가 많이 나기도 합니다. 부동산 상승기에는 아파트보다 가격이 늦게 오릅니다.

오피스텔 역시 아파트에 대한 규제가 심해 투자가 힘들 때 대안으로 떠오르는 투자 상품 중 하나입니다. 따라서 처음에는 아파트만 공부해도 충분합니다.

Q. 인테리어가 잘 된 비싼 집 VS 수리가 안 된 싼 집

A. 결국은 매가가 중요합니다.

가격이 크게 차이가 나지 않는다면 당연히 인테리어가 잘 된 집을 추천합니다. 인테리어 비용만큼 매매가가 높다면 수리가 안 된 집이 나을 때도 있습니다.

"인테리어를 3,000만 원이나 들여서 했는데…."

매수할 때 매도인이 인테리어 비용을 아쉬워하며 하소연하는 경우를 많이 접합니다. 그 이유는 인테리어 비용을 들인 만큼 매매가를 높게 받지 못하기 때문입니다. 결국 인테리어를 할 때 오롯이 깨끗한 집에서 거주하는 소모적인 비용이라고 생각해야 한다는 뜻입니다. 임대를 줄 때도 마찬가지입니다.

인테리어가 잘 된 집의 장점은 매도나 임대 시 다른 집보다 먼저 팔린다는 점입니다. 먼저 팔린다는 게 더 비싸게 팔린다는 의미는 아닙니다. 인테리어가 안 된 집에 비해 조금은 더 받을 수는 있지만 내가 들인 비용에 상당하는 만큼 받을 수는 없습니다.

인테리어 비용이 2,000만 원 들었다고 가정하고, 비슷한 조건의 매물 중에서 인테리어를 이유로 500만 원 정도 높다면 매수를 고려할 수 있습니다. 하지만 1,000만 원 이상 가격이 높다면 신중하게 결정하기를 권합니다. 이런 경우 오히려 인테리어가 전혀 되어 있지 않은 '기본집'을 매수해 수리하는 것도 고려해 봅니다.

인테리어가 거의 안 된 집, 입주 때 그대로 수리하지 않은 집을 '기본집'이라고 표현합니다. 기본집은 매매 시 인기가 떨어진다는 것을 집주인도 인지하고 있기 때문에 가격 흥정이 가능합니다. 흥정을 좀 더 적극적으로 하면 인테리어 비용만큼 매가를 조율할 수도 있습니다. 인테리어 비용만큼 깎아서 매수하고 그 돈으로 인테리어를 새로 할 수 있다면 가장 좋은 선택입니다. 물론 이 경우 잔금 전 수리하는 기간을 집주인이 허락해 주거나, 목돈을 마련해 잔금을 미리 치러야 하므로 매번 가능한 것은 아닙니다.

　결국 인테리어 비용 자체는 소모적인 비용이라는 전제하에 적정한 매매가의 기준을 세워 매수하는 것이 현명한 방법입니다. 매수 후 인테리어 계획을 세울 때도 이러한 부분을 염두에 두고 적정한 선에서 결정해야 합니다.

Q. 25평 VS 33평 VS 42평

A. 임대 목적이면 소형으로, 실거주 목적이면 넓을수록 좋습니다.

임대 목적으로 아파트를 매수한다면 임대 수요가 많은 평형이 어떤 것인지 지역 분위기를 파악하고 매수하는 게 유리합니다. 기본적으로 임대 수요는 25평(방3)이 가장 많은 편이지만 지역에 따라 차이가 있습니다.

신혼부부나 젊은 층이 많이 거주하는 곳은 25평이 선호됩니다. 학군이 좋거나 자녀의 학교를 보고 찾는 지역은 가족 단위로 거주하기 때문에 33평 수요가 대체로 많습니다.

지역에 따라서 선호하는 평형대도 차이가 있습니다. 서울만

벗어나도 33평은 되어야 임대가 잘 됩니다. 서울은 소형이어도 전세가가 비싸기 때문에 어쩔 수 없이 작은 평수에 거주한다 할지라도, 임대료가 저렴한 외곽에서까지 굳이 소형 아파트를 고집할 필요는 없다고 생각하기 때문입니다. 임대 목적으로 매수하는 경우라도 무조건 작은 평형대를 매수하는 것보다는 해당 지역의 임대 수요를 파악하고 그에 맞게 매수하는 것이 좋습니다.

장기간 보유를 목적으로 매수하고 세금 혜택을 위해 임대사업자등록을 고려한다면 25평 이하 소형이 낫습니다. 지금은 규제로 인해 아파트 임대사업자 신규 등록 자체를 막아 놨지만 만약 규제가 풀린다면 25평 이하 소형만 대상에 포함될 확률이 큽니다.

실거주 목적으로 매수한다면 여러분 스스로 어떤 평형에 살고 싶은지 생각해 보면 쉽게 답을 찾을 수 있습니다. 자녀가 한 명인 가정이 늘면서 작은 평형대를 선호할 것으로 예상하는 사람이 많지만, 실제로 사람들은 자금만 여유가 된다면 큰 평형대에 살고 싶은 욕구가 훨씬 큽니다. 1인 가구라도 오피스텔보다는 방과 거실이 분리된 공간에서 살고 싶어 합니다. 그래서 3인 가족이라도 여유만 된다면 40평형 이상에서 살고 싶다는 사람들이 훨씬 많습니다. 자녀가 출가하고 부모 두 명만 살아도 가끔 방문하는 자녀들을 위해 작은 평수로 옮기는 것을 주저하기도 합니다.

결국 매수하려는 목적에 따라 혹은 지역에 따라 선호하는 평형대를 확인하고 수요가 많을 것으로 예상되는 평형대를 선택하는 게 가장 좋습니다.

Q. 1층 VS 탑층

A. 탑층 》1층

둘 중 꼭 하나를 선택해야 한다면 1층보다는 탑층이 낫습니다. 단, 1층에 아주 매력적인 요소(단독 정원, 필로티가 있는 1층)가 있다면 1층도 괜찮습니다.

예전만 해도 탑층은 여름에는 복사열 때문에 덥고, 겨울에는 웃풍이 있어 춥고, 비가 오면 누수가 걱정되는 비선호층이었습니다. 지금은 건축 기술의 발달로 이러한 현상은 드물고 오히려 층간소음에서 자유롭고, 뻥뷰(가로 막고 있는 게 없어서 경관이 좋은)라는 이유로 탑층을 찾는 사람들도 있습니다.

1층의 가장 큰 장점은 층간소음으로부터의 자유입니다. 아들을 여럿 키우거나 층간소음으로 인한 민원으로 스트레스를 받았던 사람은 일부러 1층을 선택하기도 합니다. 1층이어서 방범이 걱정될 수는 있으나 대단지 관리시스템과 안전방충망 등 다양한 안전장치로 인해 문제가 해소되고 있습니다. 특히 1층은 특수한 목적이 있는 임대 수요가 있습니다. 어린이집이나 공부방, 피아노 학원 등 특정한 목적의 수요가 있어 1층이라고 해서 매매나 임대가 아주 힘든 것도 아닙니다.

다만, 탑층과 1층을 소유했을 때 어려움을 겪는 시기는 부동산 시장 비수기입니다. 공급보다 수요가 많을 때는 탑층과 1층 가릴 것 없이 매매나 임대계약이 체결됩니다. 특히 전세나 월세 가격은 탑층이나 1층이라고 해서 중간층과 크게 다르지 않기 때문에 투자금 대비 수익률이 더 높은 경우도 있습니다.

하지만 공급이 많고 수요가 적은 비수기가 문제입니다. 당연히 중간층 매물이 먼저 팔리고 탑층이나 1층은 특수한 목적의 수요를 제외하고는 우선순위에서 밀리게 됩니다. 거래가 침체된 시기에는 선호층과 비선호층의 가격 격차가 비정상적으로 벌어지는 경우도 있습니다. 급하게 처분해야 할 경우 아무리 가격을 조정해도 매매가 되지 않는 곤란한 상황도 발생할 수 있기에 매수할 때부터 매도까지 고려해서 철저히 계획하는 것이 좋습니다.

Q. 로얄층은 몇 층인가요?

A. 로얄층의 기준도 유동적입니다.

로얄층은 그 아파트에서 거주하려고 하는 사람들이 가장 선호하는 층을 말합니다. 로얄층에 대한 기준은 시대에 따라 변화해 왔습니다. 대한민국에 처음으로 10층이 넘는 고층 아파트가 들어섰을 때, 3층 이상은 잘 팔리지 않았다고 합니다. '사람은 자고로 흙냄새를 맡으며 살아야 한다'라는 생각이 깊이 박혀 있었기 때문인데요. 점점 더 고층으로 아파트를 짓기 시작하면서 로얄층의 개념도 바뀌어 갑니다.

일반적으로 로얄층이라고 하면 아파트의 딱 중간 정도 되는 층을 생각합니다. 12~15층짜리 중층 아파트가 많이 지어지던 시기에 로얄층은 7층이었습니다. 7을 행운의 숫자로 생각하는 것도 반영된 듯합니다.

20층 이상 고층 아파트가 들어서고, 아파트 동 간격이 좁아지면서 낮은 층은 앞 동에 시야가 가리는 현상이 생깁니다. 이 때부터는 시야가 가려지지 않는 동을 찾게 되고 고층일수록 로얄동으로 생각합니다. 30층 아파트라면 탑층 바로 아래 29층을 로얄층으로 봅니다. 아파트 동별 배치가 다양해짐에 따라 아파트의 방향, 구조, 동간너비 등을 고려해 로얄층이 달라지기도 합니다.

로얄층을 확인할 수 있는 여러 가지 방법이 있지만 건설 중인 아파트라면 분양가를 보면 됩니다. 사람들이 선호할 것으로 판단되는 층의 분양가가 가장 높습니다. 그렇기 때문에 분양가를 확인하면 해당 아파트의 로얄동 로얄층을 알 수 있습니다.

● 2022년 분양한 아파트 분양가 예시

084.9695	84	450	101동(1,2호) 102동(3,4호) 103동(1,2호) 104동(1,2,3,4호) 105동(1,2호) 106동(1,2,3,4호) 107동(1,2호) 108동(1,2,3,4호) 110동(5,6호) 112동(3,4호) 113동(1,2호) 114동(3,4호)	1	24	96,152,000	235,148,000	99,390,000
				2	30	96,152,000	245,048,000	102,360,000
				3	30	96,152,000	251,648,000	104,340,000
				4	30	96,152,000	254,948,000	105,330,000
				5층	29	96,152,000	258,348,000	106,350,000
				6~10층	150	96,152,000	261,648,000	107,340,000
				11~20층	101	96,152,000	266,548,000	108,810,000
				21층이상	56	96,152,000	269,248,000	109,620,000

최근 조경을 신경 쓰는 신축 아파트의 경우 정원 뷰가 확보되는 2~4층이 로얄층이 되기도 합니다. 1층이 필로티인 경우 2층

에 테라스까지 있으면 희소성이 높아집니다. 일조권만 확보된다면 거실에서 조경을 감상할 수 있는 2, 3층도 희소성이 있습니다. 저층은 엘리베이터를 사용하지 않고도 오르내릴 수 있는 장점이 있어 무조건 선호도가 떨어진다고 볼 수는 없습니다. 탑층은 복층으로 방 하나를 더 사용할 수 있고, 옥상 테라스를 활용할 수 있을 경우 희소성이 높아집니다. 특히 복층의 층고를 높게 설계하여 방의 활용도가 높다면 자녀가 있는 세대에서 매우 선호합니다. 고급 아파트의 경우 옥상에 세대 전용 수영장을 설계하여 매우 높은 분양가를 책정하기도 합니다.

아파트의 로얄동과 로얄층은 일조량, 방향, 뷰 등 다양한 요소를 복합적으로 고려하여 판단해야 합니다. 동 배치도와 분양가, 부동산 방문 등을 통해 직접 확인하는 것이 가장 확실한 방법입니다.

Q. 판상형 VS 타워형

A. 판상형 》 맞통풍이 되거나 코너가 양창인 타워형 〉 타워형

판상형은 거실과 주방창이 일자로 되어 있어서 맞통풍이 되는 것이 장점입니다. 한식은 특히 조리 과정에서 냄새가 많이 나기 때문에 환기가 중요합니다. 한여름 같은 더운 계절이 있는 것도 맞통풍의 중요성이 강조되는 이유입니다. 과거에 지어진 집은 대부분 판상형이었습니다. 최근 들어 좁은 땅에 많은 집을 건축하려다 보니 다양한 구조가 나오게 되었고 그중에 하나가 오른쪽과 같은 타워형 구조입니다.

타워형은 거실과 주방이 나란히 있는 구조로 맞은편이 침실로 막혀 있어 맞통풍이 되지 않습니다. 구조상 복도가 긴 형태

판상형

타워형

(출처: 네이버부동산)

로 배치되는 경우가 많아 공용 공간과 개별 공간이 분리되는 느낌을 받는 것은 장점으로 여겨지기도 합니다.

판상형과 타워형은 선호도에서 차이가 있다 보니 분양가도 다르게 책정됩니다. 신규 분양의 경우 경쟁률에서도 크게 차이가 납니다. 만약 경쟁률이 높을 것으로 예상되는 곳이라면 사람들이 덜 선호하는 타워형에 청약하는 것도 하나의 전략입니다. 당첨만 돼도 좋다고 판단되는 곳이라면 비선호 타입에 청약해서 일단 당첨 확률을 높이는 게 중요하니까요.

청약이 아니고 기존 집을 매수한다면 당연히 판상형을 고르는 것이 좋습니다. 다만 타워형 중에서도 맞통풍이 되도록 설계되었거나, 코너에 위치해서 양창으로 시야가 확보되는 장점이 있다면 매수를 고려해도 괜찮습니다.

Q. 남향 VS 남서향 VS 남동향 VS 동향 VS 서향 VS 북향

A. 남향 ≫ 남동향, 남서향 ≫ 동향, 서향 ≫ 북향

예로부터 우리나라 사람들은 집을 고를 때 남향을 최고로 여겼습니다. 정남향 집의 장점은 당연히 일조량입니다. 예전에 건설된 아파트를 보면 정남향으로 나란히 지어진 것을 볼 수 있습니다. 하지만 최근에 짓는 아파트는 정남향을 찾아보기 힘듭니다. 정남향으로 몇 동을 짓고 나면 어쩔 수 없이 몇 동은 사람들이 선호하지 않는 향으로 지을 수밖에 없기 때문입니다. 결국 다수의 사람들이 무난하게 생각하는 남동향이나 남서향으로 대부분 지어집니다. 아파트 단지에 정남향인 동이 있다면 당연히 그 동이 로얄동입니다. 정남향 동이 없다면 남동향이나 남서향 중에서 일조량을 비교해 선택합니다.

동향은 오전에 거실로 햇빛이 들어오기 때문에 아침형 인간이라면 적응하기 수월합니다. 저녁에는 주방쪽으로 지는 해가 비치는데 퇴근 후 주방에 머무는 시간이 많다면 좋은 면도 있습니다.

서향은 오전에는 빛이 들어오지 않아 늦게까지 수면에 방해를 받지 않는다는 장점이 있습니다. 개인적인 생활 패턴에 따라 선택하되 남동향이나 남서향에 비해서는 선호도가 다소 떨어집니다.

주거형 아파트는 북향이 거의 없습니다. 한강 조망이 가능한 아파트들 중에서 강남에 위치한 아파트들은 한강을 북향으로 바라보게 되어 있습니다. 이런 경우 주방에 큰 창을 내서 한강을 조망할 수 있도록 설계하곤 하지만 거실 창을 북향으로 내는 경우는 거의 없습니다.

하지만 오피스텔이나 아파텔 같은 경우에는 북향도 많습니다. 이런 주거 형태는 가족 단위보다는 1인 가구를 염두하고 건설되기 때문에 집에서 생활하는 시간이 짧다는 점을 감안한 설계라고 볼 수 있습니다. 아침에 출근하고 밤에 퇴근하는 사람들에게 일조권은 그리 중요한 요소가 아니기 때문입니다. 그런 점에서 오피스텔이나 소형 아파텔의 경우 북향이라고 해서 선택하지 않을 이유는 없습니다. 다만 그 와중에도 남향이 있다면 임대를 주기에 수월합니다. 정작 거주하는 사람은 아침에 나가고 밤에 들어온다 하더라도 집을 구해 주는 부모 입장에서는 이왕이면 남향을 더 선호하기 때문입니다.

Q. 같은 평수라면 방 2개 VS 방 3개

A. 방 3개를 더 선호합니다.

가족이 다 같이 모일 수 있는 거실이 가장 중요하게 여겨지지만 생활 패턴이 바뀌고 스마트기기가 보급되면서 가족끼리의 시간보다 개인의 시간이 더욱 소중해진 것이 현실입니다. 그에 따라 예전에는 거실이 큰 집을 선호했다면, 지금은 거실이 조금 작아도 방이 많은 집을 더 선호합니다. 이런 추세를 반영해 신축 아파트의 경우 알파룸을 옵션으로 제공해 방이나 거실로 용도를 변경해 사용할 수 있게 설계하고 있습니다.

자녀 수가 적거나 신혼부부여도 방이 많으면 좋습니다. 드레스룸이나 작업 공간으로 활용할 수 있기 때문입니다. 따라서 같은 평형대에서 선택해야 한다면 방이 많은 타입을 선택하는 것이 더 수요가 많습니다.

물론 해당 지역에 매물이 희소한 시기에는 방이 2개여도 매매나 임대에 크게 상관없습니다. 하지만 매물이 많은 상황이라면 방의 개수로 우선순위에서 밀릴 수도 있습니다.

Q. 뷰 값이 1억이 넘는다고요?

A. 통상적으로 인정되는 프리미엄입니다.

"호수가 잘 보인다고 해서 1억이나 집값이 비싼데 이게 정상인 가요?"

"지극히 정상입니다."

뷰가 주는 프리미엄은 상상 이상입니다. 특히 서울에서 한강 조망 프리미엄은 1억이 훨씬 넘습니다. 그 값을 지불하고 사는 사람이 있다는 것은 수요가 있다는 의미이고, 자유 경제 시장에서 수요가 있다는 것은 가격을 인정받았다는 의미로 해석할수 있습니다. 잘 정비된 하천, 잘 갖춰진 공원, 잘 조성된 호수, 아름다운 바다 등은 생각보다 높은 프리미엄으로 그 가치를 인정받고 있습니다.

다만 이러한 프리미엄은 시장 흐름에 매우 민감하게 반응합니다. 상승장에서는 프리미엄이 높아도 수용되지만, 하락장이 오면 가장 먼저 떨어집니다. 경기가 안 좋아 살기도 힘든데 집에서 한강이 보인들 무슨 감흥이 있겠습니까? 즉, 뷰 프리미엄은 상식적으로 인정되는 수준에서 지불해야 하며 무리하게 매수하지는 말아야 합니다.

Q. 집을 알아볼 때 유용한 사이트나 앱이 있나요?

A. 네이버부동산, KB리브온, 호갱노노, 아실, 부동산지인 등

요즘은 집을 알아볼 때 활용할 수 있는 사이트나 앱이 잘 개발되어 있습니다. 현장 방문 전에 컴퓨터나 휴대전화를 이용해 웬만한 정보는 확인할 수 있습니다. 너무 정보가 많다 보니 오히려 선택에 어려움을 겪기도 합니다. 부동산 투자를 많이 한 사람들도 그 많은 정보를 전부 활용하지는 않습니다. 반드시 활용하는 정보는 일부에 불과합니다. 부동산 관련 모든 사이트와 앱에서 정보를 수집해야겠다고 마음먹는다면 오히려 아무것도 못 사게 되지 않을까 싶습니다. 핵심 정보만을 골라 선택에 도움을 받는 정도로 활용하는 것이 훨씬 효과적입니다.

여기서는 많은 사람들이 활용하는 주요 사이트와 앱 위주로 소개하겠습니다.

네이버부동산 - 매물 정보 (land.naver.com)

가장 많은 사람들이 활용하는 사이트입니다. '매물' 탭을 클릭하면 단지정보, 시세와 실거래가, 공시가격까지 확인할 수 있습니다. 단지정보에는 세대수, 사용승인일, 용적률, 난방방법, 방배치도, 동호수배치도, 관리사무소 연락처까지 확인 가능합니다. 네이버부동산에서 특히 많이 활용되는 정보는 매물입니다. 거래 가능한 거의 모든 매물이 등록되어 있다고 볼 수 있어 매물 정보를 얻는 데 유용합니다. 매물을 검색해서 마음에 드는 집이 있으면 매물을 등록한 부동산에 연락해 방문 날짜를 잡으면 됩니다.

KB부동산 - 시세 참고 (www.kbland.kr)

KB부동산은 한국부동산원과 더불어 부동산 통계자료를 제공하는 대표적인 사이트입니다. 다양한 정보가 제공되지만 특히 KB에서 제공하는 시세는 대출 한도를 결정하는 기준으로 활용됩니다. 매수나 매도 시 실거래가를 참고하기도 하지만 KB에서 제공하는 일반평균매매가, 하위평균매매가를 참고하여 가격을 결정할 수 있습니다.

호갱노노(앱, PC버전 다운로드 가능)

'호갱'이라는 뜻은 시세에 어두워 가격도 잘 모른 채 사고파는 어리석은 사람을 지칭하는 신조어입니다. 호갱이 되지 말자는 의미를 담은 호갱노노 앱이 보급되면서 아파트 실거래가에 대한 사람들의 인식이 크게 달라졌습니다. 스마트폰을 통해 편리하게 활용 가능하여 많은 투자자들 사이에 널리 퍼진 앱 중에 하나입니다. 대장 아파트와 거래량이 많은 인기 아파트에 왕관을 씌워 표시한 점이 앱을 알리고 인기를 얻는 데 큰 역할을 했습니다. 또한 거래 가격 변화를 그래프로 쉽게 확인할 수 있으며 지속적인 업데이트를 통해 일조량, 개발 정보 등 다양한 정보를 제공하고 있습니다.

아실, 부동산지인

'아파트실거래가'의 줄임말인 아실 앱은 실거래가를 빠르게 반영하는 앱으로 인기를 얻었습니다. 실거래가 이외에도 인허가 물량이나 거래량 같은 각종 자료를 빠르게 반영해 부동산 투자자들에게 다양하게 활용되고 있습니다.

부동산지인 역시 향후 인허가 물량이나 거래량 등 부동산 투자자들이 알고 싶어 하는 통계 자료를 탑재하여 많이 활용하는 앱입니다.

부린이가 겪은 에피소드 모음

💬 신혼집을 부모님 소유의 집에 들어가 살았다면 _ 전어

30대 중반, 당시 늦은 나이에 결혼하게 된 저는 예비 장모님께서 임대를 주고 있는 집에 들어가서 살아도 된다는 얘기를 들었습니다. 그 집은 등산로 입구에 위치할 만큼 높은 지대에 지어진 구축 아파트로, 장모님은 미래를 대비해 여윳돈으로 사두신 거였죠. 그곳은 교통이 불편하고, 사람들이 선호하는 동네도 아니고, 브랜드 역시 인지도가 낮아 공기 좋고, 평수가 넓은 것 외에는 별로 마음에 들지 않았습니다. 돈은 없고 자존심만 있던 저는 도움 안 받고 제 힘으로 시작하고 싶다며 정중히 거절했습니다. 결국 신혼집은 모아 놓은 돈이 없어 퇴직금 정산과 대출, 본가 부모님의 지원으로 신축 입주하는 아파트의 전세를 겨우 구했습니다. 신혼집은 평지에 있는 대단지 브랜드 아파트로 조망도 괜찮았죠. 2년 후 전세 만기가 다가오자 내 집을 갖고 싶다는 생각이 간절해졌어요. 하지만 외벌이 직장인이 모을 수 있는 돈은 얼마 되지 않았습니다. 당시 제가 사는 지역은 경기 침체 및 물량 과다로 빈집이 넘치는 시기였고, 지금이 기회라 생각되어 많은 고민과 상의 끝에 신혼집 전세금을 빼서 전세를 두고 있는 집을(갭투자) 샀습니다. 그곳에 들어갈 상황은 안 되어 입지의 불편함과 주위의 시선을 견디기로 마음먹고 장모님 소유의 집으로 이사를 갔습니다.

간단한 수리와 인테리어를 하고 들어가 지금은 이사 온 지 10년이 훌쩍 지났네요. 비록 이곳이 제 집은 아니지만 보증금 인상 및 이사 걱정 없이 안정된 삶을 누렸습니다. 그러는 동안 저는 열심히 절약하고 공부하여 다주택자가 되었고, 남들에게 아쉬운 소리 하지 않을 정도의 자산도 일구게 되었습니다.

지금도 저는 장모님 집에서 마음 편안하게 잘 살고 있습니다. 제 상황을 모르는 지인들은 아직도 여기에 살고 있는 저를 안타깝게 보지만 그런 시선은 신경 쓰지 않습니다.

누구나 남들이 부러워하는 좋은 동네, 좋은 집에 살고 싶어 합니다. 신혼집은 특히 더 남에게 잘 보이고 싶은 마음이 크죠. 하지만 집주인에게 저의 전 재산을 전세금으로 맡기면 '내 집 마련'은 먼 미래가 되고 맙니다.

만약 이 책을 읽는 여러분에게 이런 제안이 온다면 눈 딱 감고 바로 "알겠습니다" 하고 감사히 받아들이시길!

💬 뷰가 그렇게 중요해? 응, 중요해! _ 허니맘

비학군지에 거주하면서 아이가 학교에 입학할 시기가 되면 학군지로 이사해야겠다는 계획을 갖고 있던 차에 인근 지역에 신규로 분양하는 아파트를 알게 되었습니다. 초등학교 입학에 맞춰서 입주할 수 있는 집을 발견하고 분양권을 사기 위해 매물을 알아봤습니다. 그 아파트는 인근에 호수가 있었는데 호수 조망이 나오는 집과 아닌 집의 프리미엄 차이는 약 3,000~3,500만 원이었습니다. 투자를 시작한 지 얼마 안 되는 시점이었기에 뷰 때문에 3,000만 원이라는 돈을 추가로 지불한다는 게 무척 아까웠습니다. '매일 창밖만 보고 사는 것도 아닌데, 무슨 뷰 값을 저렇게 주고 살까'라는 생각으로 뷰가 나오지 않는 집을 선택했습니다. 하지만 당시 뷰에 따라 3,000만 원 정도 차이 나던 집값은 현재 2억 이상의 차이를 보이고 있습니다.

부린이시절 이 책을 접했더라면 얼마나 좋았을까요. 내 집을 마련하려는 사람부터, 부동산 투자를 공부하는 사람들까지 이 책을 읽고 저 같은 실수를 줄여 나가길 바랍니다.

💬 청약이라는 신세계와 무지의 결과 _ 레이디토마토

저의 결혼 준비 시절 이야기입니다. 신혼집을 보러 다니며 처음으로 비싼 서울 아파트 가격을 피부로 느꼈습니다. 역세권 빌라 전세가격도 버거웠던 저희는 아파트는 엄두도 못 낸 채 빌라를 보러 다녔습니다. 방 모서리마다 결로의 흔적이 있었고, 곰팡이 냄새를 맡으며 몇 군데 빌라를 보다 보니 우연히 방문한 친구의 복층 오피스텔이 그렇게 좋아 보일 수 없었습니다. 오피스텔 매수가가 빌라의 전세가보다 더 싸기까지 했습니다. 그렇게 홀린 듯 복층 오피스텔을 계약했습니다.

사실 취득세(오피스텔은 4.4%)를 4배 이상 내기 전까지 그 집이 아파트를 닮은 오피스텔이라는 것도 몰랐습니다. 얼렁뚱땅 내 집 마련을 한 이후 아는 선배가 아파트 청약을 한다고 합니다.

"우와 선배 부자네요, 몇 억이나 하는 큰돈이 있어요?"

분양하는 아파트를 살 때 아파트값 전체가 필요하지 않다는 것을 그때 처음 알았습니다. 당첨되면 분양가의 10%만 계약금으로 내면 된다는 것을 알게 되었고 그렇게 청약이라는 신세계로 입문하게 되었습니다.

지금은 '청약홈' 사이트에서 청약가점이 자동으로 계산되지만, 당시만 해도 직접 주택 유무, 가족사항 등을 입력하고 그 값을 토대로 청약점수가 산출되던 시기였습니다. 저는 당당히 '유주택'에 체크하고 부지런히 청약에 도전했습니다. 유주택자였기에 당연히 가점이 낮았고, 당첨 가능성 또한 희박했습니다.

여러 번의 낙첨 끝에 작은 집이라도 사서 불려 보자는 마음으로 7,000만 원인 소형 빌라를 매수했습니다. 빌라 취득세를 납부하려고 보니 1억 이하 '생애 첫 집'은 취득세가 면제된다고 합니다. 그제서야 오피스텔은 주택이 아니란 것을 깨달았습니다. 그동안 유주택에 체크해 저가점자로서 낙첨될 수밖에 없었는데 그게 다 무지함에서 비롯된 결과였습니다. 다행히 1억 이하의 빌라 역시 주택으로 간주되지 않아 결국 결혼 10년 만에 청약에 당첨됐습니다.

공부하는 사람에게 더 많은 기회가 보입니다. 저는 청약에 당첨되기까지 10년이 걸렸지만 열심히 공부한 여러분은 더 빨리 이룰 수 있을 것입니다.

PART 3

집을 한 번도 안 사 본
매수 부린이 질문 45가지

: 똑똑하게 계약, 잔금, 등기하는 방법!

Q. 가계약금을 송금하기 전에 확인해야 할 것이 있나요?

A. 중개인이 문자로 보내 온 계약 내용을 꼼꼼히 확인하세요.

소개 받은 물건이 마음에 든다면 '계좌를 받아 달라'는 말로 매수 의사를 밝히게 됩니다. 이때 중개인은 계좌번호와 함께 계약 내용을 정리한 문자를 보내 줍니다. 정식계약이 아니고 가계약이지만 문자로 주고받은 내용 선에서 정식계약이 이루어지기 때문에 나중에 상의해야지 하면서 성급하게 계약금의 일부(가계약금이라고 통칭)를 보내면 안 됩니다. 어떤 거래든 돈이 오고 가면 추후 무엇인가를 요구하는 게 어렵게 됩니다. 가계약금을 보내기 전 거래 조건을 꼼꼼히 확인해야 하는 이유입니다. 다만 너무 까다롭게 많은 조건을 요구하면 계약이 파기될 수 있다는 점도 기억해야 합니다. 시장 분위기가 매수 우위인

지, 매도 우위인지 여부를 정확히 알고 행동해야 합니다. 매수 하려는 입장에서 하나밖에 없는 매물이라면 조건 없이 가계약 금부터 송금해야 할 수도 있습니다. 가계약금을 보내고도 계약 해지 통보를 받을지도 모르기에 불안에 떨어야 할 수도 있습니다. 이런 경우 까다로운 요구를 하는 매수자에게 물건을 팔리 없습니다.

아래는 중개인이 보내는 통상적인 문자 예시입니다. 가계약금 송금 전 조율해야 할 부분을 하나씩 알아보겠습니다.

> 매매계약 내용입니다.
> ● 소재지 : 서울시 강남구 강남대로 111.
> 101-101
> ● 매매대금 : 20억
> ● 계약금 : 2억
> ● 잔금 : 18억
> ● 일정 : 계약일은 일주일 안에 협의하며 잔금일은 12월 31일로 하고 조정하기로 함
>
> 특약 내용입니다.
> ● 매도인은 매수인이 전세 놓는 것에 협조하기로 함
>
> 상기 내용으로 계약을 진행합니다.
> 계약 해제 시 매도인은 계약금의 배액을, 매수인은 계약금을 포기하기로 합니다. 계약 해제 시에도 중개수수료는 부담해야 합니다.

첫째, 매도인이 소유자 본인인지 확인합니다. 계좌번호도 소유자 본인의 계좌인지 확인하고 송금해야 합니다. 이는 중개인도 철저히 확인합니다. 그만큼 사고가 나지 않게 확실히 해야 하는 부분이기 때문입니다. 중개인도 확인하겠지만 계약 당사자인 여러분도 한 번 더 꼼꼼히 확인하기 바랍니다. 확인할 사항은 아래와 같습니다.

· 등기부 등본(중개사무소에서 출력해서 보여 줌)상 소유자 이름 확인
· 주민등록증(혹은 기타 신분증)상 소유자 이름과 주민등록번호 확인
· 보내온 계좌 소유자와 등기부 등본상 소유자 이름이 일치하는지 확인
· 주민등록증 진위 확인

둘째, 계약금 및 잔금(중도금이 있을 경우 중도금)을 확인하고 자금 사정을 고려하여 금액이나 지급일을 조정합니다. 통상적으로 정해져 있는 금액이 있지만 매수자와 매도자 간에 협의로 얼마든지 조정이 가능한 부분입니다. 다만 통상적인 범위에서 벗어나면 협의가 이루어지지 않을 수도 있다는 점을 감안하여 요구사항을 전달하는 것이 좋습니다.

셋째, 계약서 작성일과 잔금일을 확인하고, 개인 사정을 고려해 날짜를 조정합니다. 특히 잔금일까지 시간이 필요하다면 가계약금 송금 전에 협의하는 것이 유리합니다.

넷째, 잔금 전에 수리나 입주 청소를 하고 싶다면 매도인(집주인)의 허락이 필요합니다. 원칙적으로는 잔금을 치르기 전까지 청소와 수리는 불가합니다. 매도자가 원칙대로 하자고 하면 어쩔 수 없는 부분입니다. 이런 사항일수록 가계약금 송금 전에 협의하는 것이 유리합니다.

다섯째, 매매계약은 현 상태에서의 계약이 원칙입니다. 중대하자가 아닌 이상 계약 후 하자 부분이 발견되었다고 해서 계약을 해지하기는 어렵습니다. 만약 노후화 된 부분이 발견됐는데 잔금 전까지 문제가 발생할까 걱정된다면 어떻게 처리할지 미리 조율해 계약서에 기재하는 것도 좋은 방법입니다. 그러기 위해서는 계약 전에 집을 꼼꼼하게 확인해야 합니다. 다만 세입자가 거주하고 있는 경우 계약을 앞두고 몇 번씩 방문하는 것은 실례입니다. 사소한 것까지 요구해서 계약이 잘못되는 일이 없도록 유의하며 상식적으로 통용되는 범위 안에서 현명하게 대처하기 바랍니다.

Q. 계좌번호를 받고 보통 얼마 만에 가계약금을 입금하나요?

A. 시장 분위기에 따라 다릅니다.

· 매도자 우위 시장일 경우(물건이 없을 가능성이 높음) : 입금부터

· 매수자 우위 시장일 경우 : 최대한 조율한 후 입금해도 됨

단, 아무 연락 없이 입금을 미루는 것은 서로 간에 신뢰를 깨는 일이므로 하지 말아야 합니다.

거래 과정에서 매도인의 계좌를 받아 달라는 것은 95% 이상 매수 의사를 밝힌 것과 같습니다. 매도인 입장에서는 계약금이 들어와야 계약이 성사되었다고 보기 때문에 이는 중요한 절차입니다. 우선 계좌부터 받고 고민해야겠다는 생각은 매도자나 중개인에게 실례가 되는 행동입니다. 하지만 사람이 하는 일인

지라 계좌를 달라고 했지만 고민이 될 수도 있습니다. 이럴 때에는 아무 말 없이 입금을 지연시키기보다는 중개인에게 솔직하게 말하고 시간을 조금 끌어 달라고 하는 것이 현명합니다. 중개인도 계약을 성사시키고 싶은 마음이 크기 때문에 시간을 달라는 요청을 나쁘게 생각하지 않습니다. 오히려 필요한 시간을 벌어 주기 위해 상대방과 조율하려고 노력할 것입니다.

Q. 가계약금과 계약금은 보통 얼마로 하나요?

A. 가계약금은 적어도 무방합니다.

계약금은 통상적으로 매매대금의 10%로 합니다. 통상적이라는 말은 얼마든지 협의가 가능하다는 의미입니다. 가계약금은 50만 원이든 1,000만 원이든 크게 상관없습니다. 계약 시 매매대금의 10% 금액에서 가계약금만큼 차감하고 지불합니다.

다만 가계약금이 적으면 계약을 망설인다는 뉘앙스를 줄 수 있기 때문에 적당한 범위 내에서 지급하는 게 좋습니다. 특히 매도자 우위 시장일 경우, 계약금이 적으면 계약 파기의 빌미가 될 수 있습니다. 오르는 집값에 비하면 계약금을 배액배상해도 부담이 적기 때문입니다. 따라서 매도자 우위 분위기라면 가계약금이라 할지라도 계약금의 10%까지 지급하기도 합니다.

Q. 가계약금을 송금하고 계약 취소가 가능한가요?

A. 가능하나 가계약금을 포기해야 합니다.

"문자로만 계약 내용을 주고받고 가계약금으로 500만 원을 송금했는데 취소하려면 가계약금을 포기해야 하나요?"

"네, 그렇습니다."

계약 파기를 원하는 사람이 매수자라면 계약금을 포기하고, 매도자라면 받은 계약금과 함께 계약금에 해당하는 만큼의 금액을 더 반환해야 합니다. 원칙적으로는 가계약금으로 지급한 500만 원의 배액배상(즉 1,000만 원)이 아닌 총 계약 금액(매매대금의 10%)을 배액배상 하는 것이 맞습니다. 물론 현장에서 이렇게까지 적용하는 경우는 드물지만 거래 당사자 간에 불미스런 일이 발생하면 법적 다툼까지 가는 경우도 생깁니다.

　매도인이 배액배상을 염두에 두고 계약을 파기할 정도면 매매가가 많이 상승한 경우입니다. 매도인은 배액배상한 금액만큼 손해를 본다고 해도 오른 가격으로 매도하면 추가 이익을 기대할 수 있기 때문에 계약 파기를 요구합니다. 매수인의 경우 배액배상으로 돈을 더 돌려받았다고 해도 좋아만 할 수는 없습니다. 해당 지역에서 다른 집을 매수하려면 계약 파기로 인해 돌려받은 금액 이상으로 집값이 올랐기 때문입니다. 이런 경우 매도인과 협의하여 일정 금액을 올려 주고 다시 계약을 진행하기도 합니다. 해당 지역에서 꼭 매수할 예정이라면 계약 파기 요청이 들어왔을 경우 매도인과 협의를 통해 일정 금액을 올려 주고 계약을 진행하는 것도 고려할 수 있습니다.

Q. 계약을 취소해도 중개수수료를 지불해야 하나요?

A. 네, 지불해야 합니다.

계약이 파기되면 사람들이 가장 궁금해 하는 질문입니다. 당연히 지불해야 합니다.

계약이 성사되기까지 중개인으로서의 역할은 다했다고 볼 수 있습니다. 다만 계약을 마무리하지 못했을 뿐이죠. 마무리 역시 쌍방의 의사로 진행하지 못했을 뿐 해야 할 일을 회피한 것은 아니므로 당연히 전액 지불해야 합니다.

Q. 계약서 작성 시 반드시 참석해야 하나요?

A. 꼭 참석하지 않아도 됩니다.

가계약금을 송금한 후 계약서 작성일을 협의합니다. 기왕이면 매수자와 매도자가 모두 참석하는 것이 가장 깔끔합니다. 하지만 물리적인 여건이 되지 않는다면 반드시 참석해야 하는 건 아닙니다. 계약 상대방 역시 참석하지 않고 대리 계약을 진행할 수도 있습니다.

다만 대리 계약이 진행될 경우 본인 여부를 확인할 수 있는 서류를 꼼꼼하게 확인합니다. 대체로 중개인이 대리 계약을 진행하게 되며 위임에 필요한 서류를 요청합니다. 불참하는 사람은 중개인이 요청하는 서류를 잘 준비하여 보내면 됩니다.

<요청서류>

1. 인감증명서

2. 인감증명서와 동일한 인감도장을 찍은 위임장

중개인(혹은 제3자)이 대리 계약을 할 경우 위임 서류만 잘 확인하면 됩니다. 특히 매도인이 대리 계약을 요청한 경우라면 등기부 등본을 확인해 위임자가 소유자 본인인지 한 번 더 확인합니다. 가계약금 송금 당시 확인한 본인 계좌가 있으므로 같은 계좌로 송금하면 됩니다. 계약서를 작성하고 매매대금의 10%(혹은 조율된 계약금)를 송금하면 계약이 성사됩니다.

문자로 특약 내용을 모두 조율했다고 해도 계약서를 작성하면서 생각난 부분이 있다면 중개인에게 추가로 특약 기입을 요구합니다. 이 경우 당사자들 간에 합의가 있어야 하므로 중개인이 양쪽에서 조율하는 역할을 합니다. 통용되는 관례를 넘어선 부분까지 무리하게 요구하는 것은 피해야겠지만 꼭 넣었으면 하는 사항이 있음에도 불구하고 말하기 껄끄러워서 기재하지 않았다가 큰 낭패를 볼 수도 있음을 명심하기 바랍니다.

Q. 계약금, 중도금, 잔금은 어떻게 정하나요?

A. 협의로 정합니다.

계약과 관련된 대부분의 사항은 관례처럼 통용되는 것들이 있습니다. 물론 관례이므로 반드시 지켜야 하는 건 아닙니다. 양쪽에서 합의만 하면 자유롭게 조절할 수 있습니다. 개인 사정에 따라 조절이 필요하다면 주저하지 말고 요청합니다. 다만 어디까지나 상식선에서 요구해야 함을 기억하기 바랍니다.

보통 매매대금은 계약금(가계약금 포함), 중도금, 잔금으로 나눠서 지급합니다. 계약금은 매매가의 10%, 중도금은 매매가의 20~30%(혹은 중도금 없이도 진행), 잔금은 나머지 금액입니다. 각 지급 비중은 협의로 조정 가능한 만큼 본인의 자금 사정을 살펴서 날짜를 정하면 유리한 쪽으로 계약을 진행할 수 있습니다.

Q. 공동명의 vs 단독명의?

A. 종부세와 양도세를 비교하여 판단합니다.

생애 첫 집을 공동명의로 한다는 것은 부부에게 큰 의미가 있습니다. 하지만 공동명의가 무조건 좋은 점만 있는 것은 아닙니다. 공동명의 자체에 의미를 두기보다 절세 전략을 염두에 두고 결정해야 합니다. 보유하고 있는 동안의 세금, 매도할 때의 세금까지 고려하는 것이 현명한 선택입니다.

공동명의의 장점은 양도세 절세 효과입니다. 양도소득은 매년 1인 1회에 한해 250만 원이 공제됩니다. 공동명의를 했다면 하나의 부동산을 양도하는 데 부부 각각 250만 원 씩 총 500만 원의 세금이 공제됩니다. 양도세는 수익 금액에 따라 누진과세가 적용됩니다. 양도차익이 2억이라고 가정했을 때, 단독명의일 경우 최대 38% 세율이 적용됩니다. 만약 공동명의라면 1인당 1억으로 양도차익이 계산되어 최대 35% 세율이 적용됩니다. 기본공제에 이어 세율에서도 절세 효과가 발생합니다.

    집값이 크게 상승하기 전, 종부세 부과 대상이 적었던 시기에는 종부세를 고려해 명의를 고민할 필요가 없었습니다. 하지만 집값이 크게 상승하고 1주택만 있어도 종부세 과세 대상이 되는 사람이 많아지면서 종부세 절세 전략으로 공동명의를 고민하는 사람들이 많아졌습니다.

    종부세는 1인당 6억 원의 인적공제가 적용됩니다. 1세대 1주택의 경우 9억 원의 인적공제가 적용됩니다.(2022.10 현재 공제 금액 상향 개정 논의 중) 만약 주택 공시가격이 12억보다 작다면 부부 공동명의로 1인당 6억 원씩 공제를 받으면 종부세를 납부하지 않아도 됩니다. 단독명의라면 12억에서 9억(기본공제)를 제외한 3억 원에 대한 종부세가 부과됩니다. 다만 1주택자 중 세액공제(고령자 세액공제 및 장기보유자 세액공제)가 적용되는 주택을 보유한 사람이라면 공동명의보다 단독명의가 유리할 수 있으며, 공동명의를 한 경우 납세의무자를 한 명으로 정해서 세금을 부과해 달라고 요청하는 특례신청도 가능합니다.

2주택 이상부터는 공동명의가 무조건 유리한 것은 아닙니다. 개개인의 상황에 따라 다르므로 주택 수를 늘리기 전에 인적공제와 세율 등을 검토하여 공동명의 여부를 결정하는 것이 중요합니다.

Q. 중도금은 반드시 지급해야 하나요?

A. 반드시 지급해야 하는 건 아닙니다.

매매계약 시 중도금 없이 계약금과 잔금 일정으로 계약서를 작성하는 경우도 많습니다. 특히 임차인이 살고 있는 상태로 매매할 경우에는 대체로 중도금 없이 진행됩니다. '임차인의 보증금을 중도금으로 대체한다'는 문구를 계약서에 넣어 중도금이 지급된 것으로 갈음합니다.

다만 중요한 점은 중도금을 지급하면 쌍방이 합의하지 않는 이상 한쪽이 일방적으로 계약을 파기할 수 없습니다. 배액배상을 한다고 해도 파기가 불가능합니다. 따라서 매도자 우위 분위기에서 잔금일까지 매매가 상승이 예상되어 매도인이 계약을 파기할 여지가 보인다면 일부러 중도금을 지급하기도 합니다. 어떤 경우에는 계약과 동시에 중도금까지 지급하는 경우도 있습니다.

이런 분위기가 감지되면 현장감이 좋은 중개인은 일부러 중도금 일정을 넣자고 제안하기도 합니다. 무조건 돈을 늦게 주는 것이 좋다는 생각에 거절하기보다는 중도금 지급이 필요한 상황인지 아닌지 계약 전에 중개인과 충분히 상의합니다.

Q. 중도금을 약속한 날짜보다 빨리 입금해도 되나요?

A. 네, 가능합니다.

계약 당시 중도금 날짜를 지정하고 계약서를 작성했지만, 시장 분위기를 보니 하루가 다르게 급등하는 시세 때문에 계약 파기를 당할까 걱정되는 경우가 있습니다. 이런 때에는 중도금을 예정일보다 빨리 지급하고 싶어집니다. 중도금을 예정일보다 먼저 지급하는 것은 가능합니다. 약속한 날짜보다 먼저 지급한 중도금이라도 배액배상 계약 취소가 불가능하다는 중도금의 효력은 똑같이 발생합니다. 어떨 때에는 현장의 분위기를 빨리 파악한 매도인이 중도금을 입금하지 말라고 먼저 통보하는 경우도 있습니다. 통보가 먼저 왔는데 알고 있는 계좌로 중도금을 입금했다고 해서 배액배상 계약 취소가 불가능하다고 주장할 수는 없습니다. 분쟁의 여지가 있을 수 있는 만큼 계약했다고 해서 안이하게 생각하지 말고 잔금 전까지 시장 분위기를 지속적으로 체크하는 것이 필요합니다.

Q. 전세 낀 매매계약의 경우 계약금과 잔금을 어떻게 정하나요?

A. 계약서 작성과 잔금을 동시에 진행하기도 합니다.

임대를 낀 상태에서 매매를 진행할 때 갭(매매가-전세가)이 소액인 경우도 있습니다. 심지어 임대보증금을 뺀 금액이 전체 매매금액의 10%가 안 되는 경우도 있습니다.

예를 들어 매매가가 1억 5,000만 원인데 전세가 1억 4,000만 원이라면 총 지급해야 할 매매대금이 1,000만 원으로 매매가의 10%가 되지 않습니다. 이런 경우 계약금은 당연히 총 매가의 10% 이하로 지급하는 것이 맞습니다. 현장에서는 이렇게 갭이 작은 경우, 가계약금 일부를 송금하고 본 계약일에 잔금을 같이 진행하여 소유권 이전을 마무리하기도 합니다.

Q. 잔금 날짜는 보통 계약일로부터 며칠 안에 하나요?

A. 협의로 정합니다.

통상적으로 잔금은 2~3개월 정도의 기간을 줍니다. 4월에 계약했다면 6월 말 정도로 잔금을 잡는 것이 일반적입니다. 어디까지나 일반적일 뿐 꼭 그렇게 해야 한다고 정해진 것은 아닙니다. 세입자 만기가 많이 남은 경우 만기 때까지 잔금을 미루는 것도 합의만 되면 가능합니다. 계약을 하자마자 잔금을 하는 것도 가능한 것처럼 잔금 날짜도 융통성 있게 조정할 수 있습니다. 만약 세입자를 구해서 잔금을 해야 하는 상황이라면 세입자를 구할 시간을 벌기 위해 잔금을 최대한 뒤로 정하고 '잔금일을 앞당길 수 있음'이라고 특약에 기재하기도 합니다. 자신에게 유리한 잔금일로 정하기 위해서는 사전에 자금 흐름을 정확히 파악하고 있어야 합니다. 조금만 늦게 하거나 조금만 빨리 했으면 나에게 유리한 상황이었음을 뒤늦게 알고 조정을 시도해 봐야 상대방이 협조하지 않으면 협의가 힘들기 때문입니다. 계약에 앞서 자금 상황, 임대가 나가는 데 걸리는 시간 등을 체크하고 여유 있게 잔금일을 정하는 것이 좋습니다.

잔금 날짜를 조정하는 팁을 몇 가지 소개합니다.

하나, 6월 1일 전에 계약을 했다면 이 날을 꼭 기억해야 합니다. 6월 1일 당일에 소유권을 가진 사람이 보유세(재산세와 종부세)를 내야 합니다. 내가 매수자 입장이라면 6월 1일 이후에, 매도자 입장이라면 5월 31일 이전으로 잔금 날짜를 정하는 게 보유세 측면에서 유리합니다. 간혹 매수자와 매도자 양측이 이런 부분을 잘 알아 팽팽하게 자신의 주장을 고집할 수도 있습니다. 이럴 때에는 재산세를 반반씩 부담하는 쪽으로 협의하기도 합니다.

둘, 임차인을 구해 임대차 보증금으로 잔금을 하는 경우 잔금일을 여유 있게 잡는 게 유리합니다. 특약에 '임차인 계약 날짜에 따라 잔금일을 조정할 수 있다'라는 문구를 넣으면 임대가 빨리 나가지 않더라도 조금은 여유롭게 대처할 수 있습니다.

셋, 약속된 잔금일이 다 되었는데 임차인이 구해지지 않아서 돈을 마련하지 못하면 다른 방법이 없을까요? 여기저기 방법을 강구해 잔금을 마련해야겠지만 매도인에게 양해를 구하고 시간을 버는 방법도 있습니다. 매도인이 자금의 여유가 있는 경우, 사정을 이야기하고 잔금일을 뒤로 미뤄 달라고 부탁할 수 있습니다. 잔금일 이후부터는 지연된 날짜만큼 은행 이자에 상당하는 이자를 준다고 제안하여 잔금을 늦춰 무사히 거래를 마친 사례도 있습니다.

Q. 매매계약 시 특약사항은 어떤 것이 있을까요?

A. 누수와 임대차계약과 관련된 특약이 있습니다.

계약서에 특별히 기재하지 않아도 관례적으로 통용되는 특약이 있습니다. 매매 시 꼭 기억해야 할 특약은 '누수 관련' 특약사항입니다. 통상적으로 계약 후 6개월 이내 발생하는 중대 하자는 매도인이 책임져야 합니다. 여기서 말하는 중대 하자에 누수가 해당됩니다. 집을 팔고 소유권도 넘겼는데 그 집에 돈을 들여 수리해 줘야 할 게 많다면 분쟁이 발생하는 건수도 많아지겠죠. 이에 중대 하자로 그 범위를 한정하는 것입니다. 누수는 중대한 하자로 보기 때문에 특약에 따로 요청하지 않더라도 중개인이 기재하는 경우가 많으며, 기재되어 있지 않더라도 '관례에 따른다'는 문구 안에 포함되어 있습니다.

간혹 베란다에 발생하는 곰팡이나 결로를 중대 하자라며 수리 비용을 요구하는 경우가 있습니다. 결로는 노후로 인한 자연스러운 마모 현상으로 하자가 아니라는 판례가 있습니다. 곰팡이는 환기를 제대로 시키지 않은 사용자의 잘못인 경우가 많습니다. 따라서 곰팡이나 결로가 있다고 해서 이전 소유자나 중개인을 괴롭게 만드는 일은 하지 않기를 바랍니다.

매수 후 바로 입주하지 않고 임대를 놓을 예정이라면 특약 작성이 중요합니다. 잔금을 치르지 않은 상태에서 임대차계약을 새로 하려면 매도인과 계약서를 작성해야 합니다. 현재 소유주인 매도인과 임대차계약을 맺고, 잔금 후 매수인에게 포괄양도(일체의 권리, 의무를 승계하는 것을 말함) 하는 방식으로 계약이 진행됩니다. 임차인이 전세자금대출을 받는다면 매도인에게 은행에서 연락이 가거나 사인을 요청할 수도 있습니다.

임차인 입주 후 바로 주인이 바뀌면 대출에 문제가 생기는 경우도 있습니다. 이때는 임차인이 입주하고 일정 기간 이후로 잔금 날짜를 조정해야 할 수도 있습니다. 여러 가지 변수가 있는 만큼 매매계약 시 충분히 협의하는 것이 좋습니다. 매도인도 이유가 있어 집을 매도하는 것인 만큼 협조해 주지 않을 이유는 별로 없습니다.

이러한 상황을 모두 총괄하여 특약에는 다음과 같이 딱 한

줄만 기재해도 충분합니다.

특약사항

잔금 전 매수인의 임대차계약에 매도인은 적극 협조한다.

Q. 잔금 지급 전에 인테리어를 하고 싶어요.

A. 계약서 작성 전에 협의해야 합니다.

하나, 공실인 집을 계약했다면 잔금 전에 인테리어를 하는 것은 크게 어렵지 않습니다. 당연히 매도인의 동의가 필요하므로 계약서 작성 시 협의하면 대체로 허락해 줍니다. 다만 계약 때는 아무 말이 없다가 나중에 요청하면 잔금을 모두 지급해야 가능하다는 대답을 들을 수도 있습니다. 계약 전에 요구사항을 꼼꼼히 점검해야 하는 이유입니다.

　인테리어를 시작한 후에 혹시라도 계약이 파기된다면 원상복구 비용에 대한 분쟁이 발생합니다. 잔금 전에 인테리어를 시작해야 한다면 소액이라도 중도금을 주고받는 것이 매수자와 매도인 모두에게 좋습니다. 매수자 입장에서 중도금을 지급하는 조건으로 공사를 허가해 줄 것을 요청하면 매도자에게 허락을 받기에도 수월합니다.

둘, 임차인을 내보내고 인테리어를 해야 하는 경우입니다. 잔금을 모두 치르고 임차인을 내보낼 수 없기 때문에 발생하는 문제입니다. 잔금을 전액 마련하기는 곤란하지만, 임차인의 보증금만큼 자금 마련이 가능하다면 매도인에게 사정을 전달하고 중도금으로 임차인의 보증금만큼만 지급한다고 하면 허락하지 않을 이유가 없습니다.

인테리어나 입주청소를 잔금 전에 할 경우 알아야 할 것이 하나 있습니다. 바로 공사나 청소 시작 일부터 관리비를 부담해야 한다는 점입니다. 법으로 정해진 것은 아니더라도 통상적으로 이루어지는 관례입니다. 공사와 청소 시 전기나 수도를 사용하게 되는데, 사용량만큼 계산해서 부담하기에도 애매한 부분입니다. 그런 이유로 공사나 청소 시작 일부터는 매수인이나 임차인이 관리비를 내는 게 일반적입니다. 공실인 집을 매수했다고 해서 미리부터 공사를 시작하는 것은 관리비 부담 측면에서 손해입니다. 그러므로 공사에 필요한 기간을 계산해 입주 전 적당한 시기부터 공사를 시작하는 것이 경제적입니다.

Q. 중개수수료는 정해진 대로 지급해야 하나요?

A. 법정수수료율이 있지만 협의도 가능합니다.

법적으로 정해진 중개수수료율은 다음과 같습니다.(152p 참고)

표에서 확인할 수 있듯이 거래금액에 따른 중개수수료 상한 요율이 정해져 있습니다. 그 말은 상한선이 정해져 있으며 그 아래는 협의로 조정이 가능하다는 의미입니다. 대체로 중개인 은 최고 상한요율대로 수수료를 요청합니다. 반면 매도인이나 매수인은 협의를 통해 깎고 싶은 마음이 드는 것은 당연합니 다. 협의가 불가능한 부분이 아니므로 매매를 의뢰하기 전이나 계약서 작성 전에 협의하는 게 좋습니다. 물론 협의가 가능한 분위기인지 아닌지는 전적으로 시장 분위기에 달려 있습니다.

부동산 중개보수 요율표

 주택(주택의 부속토지, 주택분양권 포함) (공인중개사법 시행규칙 제20조제1항, 별표1)

(2021. 10. 19 시행)

거래내용	거래금액	상한요율	한도액	중개보수 요율결정	거래금액 산정
매매 · 교환	5천만원 미만	1천분의 6	25만원	중개보수는 거래금액 × 상한요율 이내에서 결정 (단, 이때 계산된 금액은 한도액을 초과 할 수 없음)	⊙ 매매 : 매매가격 ⊙ 교환 : 교환대상 중 가격이 큰 중개대상물 가격 ⊙ 분양권 : 거래당시까지 불입한 금액 (융자포함) + 프리미엄
	5천만원 이상 ~2억원 미만	1천분의 5	80만원		
	2억원 이상 ~9억원 미만	1천분의 4	없음		
	9억원 이상 ~12억원 미만	1천분의 5	없음		
	12억원 이상 ~15억원 미만	1천분의 6	없음		
	15억원 이상	1천분의 7	없음		
임대차등 (매매·교환 이외)	5천만원 미만	1천분의 5	20만원	중개보수는 거래금액 × 상한요율 이내에서 결정 (단, 이때 계산된 금액은 한도액을 초과 할 수 없음)	⊙ 전세 : 전세금 ⊙ 월세 : 보증금 + (월차임액 ×100) 단, 이때 계산된 금액이 5천만원 미만일 경우 : 보증금 + (월차임액 X 70)
	5천만원이상 ~1억원미만	1천분의 4	30만원		
	1억원 이상 ~6억원 미만	1천분의 3	없음		
	6억원 이상 ~12억원 미만	1천분의 4	없음		
	12억원 이상 ~15억원 미만	1천분의 5	없음		
	15억원 이상	1천분의 6	없음		

※. 중개보수는 거래금액의 상한요율 이내에서 중개의뢰인과 개업공인중개사가 서로 협의하여 결정(공인중개사법 시행규칙 제20조제1항)

 오피스텔 (공인중개사법 시행규칙 제20조제4항)

(2015. 1. 6 시행)

적용대상	거래내용	상한요율	보수 요율 결정 및 거래금액 산정
전용면적 85㎡이하, 일정설비(전용입식 부엌, 전용 수세식 화장실 및 목욕시설 등)를 갖춘 경우	매매 · 교환	1천분의 5	「주택」과 같음
	임대차 등	1천분의 4	
위 적용대상 외의 경우	매매 · 교환 · 임대차 등	1천분의 ( ) 이내	⊙ 상한요율 1천분의 9 이내에서 개업공인중개사가 정한 좌측의 상한요율 이내에서 중개의뢰인과 개업공인 중개사가 서로 협의하여 결정함

 주택 · 오피스텔 외(토지, 상가 등) (공인중개사법 시행규칙 제20조제4항)

(2015. 1. 6 시행)

거래내용	상한요율	중개보수 요율 결정	거래금액 산정
매매 · 교환 · 임대차 등	거래금액의 1천분의 ( ) 이내	⊙ 상한요율 1천분의 9 이내에서 개업공인중개사가 정한 좌측의 상한요율 이내에서 중개의뢰인과 공인중개사가 서로 협의하여 결정함	「주택」과 같음

※ 개업공인중개사는「오피스텔(전용면적 85㎡이하로 일정설비를 갖춘 경우 제외)의 매매 · 교환 · 임대차」와,「주택 · 오피스텔 외(토지 · 상가 등)의 매매 · 교환 · 임대차」에 대하여 각각 법이 정한 상한요율의 범위 안에서 실제로 받고자 하는 상한요율을 의무적으로 위 표에 명시하여야 함
※ 위 중개보수에「부가가치세」는 별도임.

(출처 : 한국공인중개사협회)

상황1 매매나 전세 물건이 별로 없고 구하는 사람은 많은 시장(매도자 우위 시장)

내가 매도자라면 중개수수료 협상에서 유리합니다. 일부 중개인은 독점으로 물건을 내놓는 대신에 수수료를 낮춰 준다고 먼저 제안할 수도 있습니다.

내가 매수인이나 임차인의 입장이라면 오히려 중개수수료를 더 얹어 주겠다고 제안해야 하는 상황입니다.

상황2 매매나 전세 물건은 많은데 구하는 사람은 없는 시장(매수자 우위 시장)

내가 매도자라면 최대한 많은 중개소에 물건을 내놔야 합니다. 중개수수료를 오히려 더 높게 제안하면서 다른 물건보다 먼저 브리핑해 줄 것을 요청해야 할 수도 있습니다.

내가 매수인이나 임차인이라면 마음에 드는 집을 충분히 고를 수 있는 상황입니다. 일부 기업형 중개회사에서는 반값수수료라고 해서 매도인에게만 수수료를 받고 매수인이나 임차인에게는 수수료를 받지 않는 정책을 실시하는 곳도 있습니다.

중개보수 청구 시 부가가치세가 별도로 청구됩니다. 부가가치세는 사업자 유형에 따라 세금요율이 다릅니다. 소득을 일정 수준 이상 신고하는 중개사무소는 일반과세자로 등록되어 있고 이 경우 부가세를 10% 청구합니다. 만약 간이과세자로 등록된 중개사무소라면 부가세를 10%까지 주지 않아도 됩니다. 중개사무소를 방문하면 사업자등록증이 걸려 있습니다. 사업자등록증에서 일반과세자인지 간이과세자인지 확인할 수 있으며, 이를 통해 수수료를 일정 부분 절약할 수 있습니다.

Q. 물건지와 양타는 무슨 뜻인가요?

A. 중개수수료와 관련이 있습니다.

· 물건지 : 집주인이 직접 물건을 의뢰한 중개소
· 양타 : 집주인과 고객 양쪽에게서 수수료를 받는 것

 아파트 단지 내 상가를 보면 중개사무소가 참 많습니다. 내가 만약 집을 소유하고 있고 이를 매도하려고 할 때 어느 부동산으로 먼저 가게 될까요? 단지와 주변 모든 중개사무소를 모두 방문해 집을 내놓으면 될까요? 당연히 그렇지 않습니다.

 매도를 생각할 때 가장 먼저 떠오르는 중개사무소는 그 집을 살 때 거래했던 중개사무소입니다. 임대를 한 적이 있다면 임대차계약을 했던 중개사무소가 떠오르겠죠. 이곳부터 먼저 방

문의하거나 입력된 중개인 전화번호로 연락해 매도를 의뢰합니다. 이렇게 매도 의뢰를 받은 중개소를 '물건지'라고 합니다.

물건지 중개인이 공동망에 매물 정보를 올리고, 다른 중개사무소에서 손님을 데려와 계약이 성사될 수 있습니다. 이런 경우 집주인이 내는 수수료는 물건지 중개인이, 손님이 내는 수수료는 다른 중개인이 받습니다.

또는 물건지 중개사무소에 손님이 직접 찾아와 집을 본 후 거래가 성사된다면, 물건지이므로 집주인과 손님에게서 수수료를 받습니다. 이렇게 한 번의 거래로 수수료를 양쪽에서 받는 것을 '양타'라고 합니다. 한 건의 계약으로 수수료는 2배를 받으니 중개인들이 가장 좋아하는 경우입니다.

간혹 내가 매도를 의뢰하지 않은 중개사무소에서 연락이 와서 자신에게도 물건을 내놔 달라고 부탁하는 경우가 있습니다. 아마도 그 전에 통화하거나 거래한 적이 있던 중개인일 가능성이 높습니다. 특정 부동산과 약속한 경우가 아니라면 이렇게 적극적인 부동산에 매물을 안 내놓을 이유는 없죠. 이런 경우에는 중개수수료를 협의할 수 있는 유리한 위치가 됩니다.

Q. 잔금일과 등기일은 꼭 같아야 하나요?

A. 같아야 안전합니다.

소유권이전등기를 완료하고 소유권이 넘어와야 내 집에 다른 사람이 권한 행사를 하지 못합니다. 잔금까지 다 치렀지만 사정상 소유권이전등기를 미루었는데 그 사이 근저당 같은 소유권을 제한하는 권리 행사가 실행되면 낭패를 볼 수 있습니다. 잔금일에 소유권이전등기를 해야 한다는 의무는 없지만 대부분 같은 날 소유권이전등기를 진행하는 이유입니다.

Q. 소유권을 넘긴 기준일은 언제인가요?

A. 잔금일 또는 소유권이전등기 접수일 중 빠른 날이 기준입니다.

세법에서 소유권을 이전한 날은 매우 중요합니다. 그날을 기준으로 세금이 부과되기 때문에 자칫 큰 손해를 볼 수도 있습니다. 소유권이 넘어가는 기준이 되는 날을 정확히 이해하고 본인에게 유리하게 활용할 수 있어야 합니다.

최근 종부세에 대한 부담이 늘면서 이 날짜를 활용해 세금을 줄이는 사람들이 많아졌습니다. 6월 1일을 기준으로 소유권을 가진 사람이 종부세와 재산세를 부담하게 됩니다. 매매를 했지만 임대가 맞춰지지 않아서, 혹은 너무 시일이 촉박해서 5월 31일까지 잔금이 불가한 경우 매도인이 단기임대계약을 하거나 근저당을 잡고 소유권을 넘기기도 합니다. 잔금 대신 임대차계약서를 작성하거나 근저당을 설정해 돈을 받을 권리를 확보하였기 때문에 소유권을 이전하는 데 문제가 없습니다. 이런 경우 매수인이 조건을 수락하기 위한 유인책이 있으면 좋습니다. 소유권이전등기는 넘겼으나 해당 년도의 재산세를 매도인이 부담하거나, 원래 정하려고 했던 잔금일까지 관리비를 추가로 부담하는 등의 조건으로 협의를 요청할 수 있습니다.

Q. 잔금일에 꼭 챙겨야 할 일은 무엇인가요?

A. 등기 관련 서류를 챙깁니다.

매매계약 시 중개인이 문자로 필요한 서류를 안내해 줍니다. 혹시 안내가 없다면 잔금일 며칠 전에 전화해서 다시 한 번 알려 달라고 요청합니다. 그중에서도 꼭 필요한 서류는 아래와 같습니다.

매도인	매수인
등기권리증 매도용 인감(매수자 인적 사항 기재) 주민등록초본(상세) 인감도장	(법무사에게 등기를 맡길 경우 서류가 간단) 주민등록등본 가족관계증명서 신분증

이때 모든 서류는 '상세'로 발급 받습니다. 특히 매도인의 주민등록초본이 필요한 이유는 해당 주택을 매수할 당시와 현재의 주소가 바뀌었을 경우 당시 주소를 확인하기 위함입니다. 등기권리증에는 매수할 당시의 주소가 적혀 있기 때문에 초본에서 매수 당시 주소를 확인합니다. 따라서 초본 발급 시 이전 주소가 모두 나오도록 상세로 발급해야 합니다.

매도용 인감에서 가장 중요한 것은 매수자 인적 사항입니다. 주민센터에 매도용 인감을 발급 받으러 가면 어떤 용도인지 묻습니다. 매도용 인감을 특정 용도로 발급 받는 것은 자동차 매도 혹은 부동산 매도 두 가지 뿐입니다. 위임용으로 인감증명서를 뗄 때는 일반 인감증명서를 떼면 됩니다.

부동산 매도용 인감증명서는 매수자의 인적 사항을 넣어 발급 받습니다. 그렇기 때문에 주민센터에 갈 때 반드시 계약서를 지참하거나 사진을 찍어 가는 것이 좋습니다. 메모해서 가도 좋지만 메모 과정에서 틀릴 수도 있으니 계약서 사진이나 원본을 가져가는 것을 추천합니다. 인감증명서 발급 전 중개인에게 연락해 주소가 정확한지 한 번 더 확인하는 것도 좋습니다. 실제 잔금 과정에서 인적 사항을 틀리게 기재하고 발급 받아 다시 주민센터를 방문하는 경우가 비일비재합니다. 특히 매수인이 법인일 경우 법인명이나 법인등록번호를 틀리게 기재하는 일이 자주 발생합니다. 번거로운 일을 방지하기 위해서는 매수인 인적 사항을 정확히 확인하고 주민센터를 방문합니다.

매도인은 반드시 인감도장을 지참해야 합니다. 다른 도장은 안 됩니다. 하지만 매수인은 막도장이어도 상관없습니다.

Q. 매도인이 등기권리증을 분실했다고 하는데요?

A. 괜찮습니다.

잔금일에 매도인은 등기권리증을 지참해야 합니다. 사실 꼭 필요한 것은 등기권리증 종이 자체가 아니라 중간에 스티커를 열면 있는 일련번호입니다. 종이를 안 가져왔더라도 스티커를 열어서 숫자만 보이게 사진을 찍어 왔다면 등기권리증이 필요 없습니다. 하지만 이 사실을 아는 사람은 거의 없습니다.

매도인이 등기권리증이 없다고 해도 당황할 필요는 없습니다. 다만 매도인은 등기소에 직접 방문해서 본인임을 확인 받아야 매수인이 소유권이전등기 접수를 할 수 있습니다.

Q. 잔금일에 추가로 필요한 비용이 있을까요?

A. 수선유지비가 있습니다.

매매계약을 진행하다 보면 추가로 드는 비용을 예상하지 못해 당황하는 경우를 종종 봅니다. 매매금액에 비하면 얼마 안 되는 금액 같지만 예산이 빠듯할 때에는 충분히 당황할 수 있습니다.

수선유지비는 아파트 소유자가 관리사무소에 예치하는 금액입니다. 대략 평당 1만 원 정도입니다. 25평은 10만 원대, 33평은 30만 원대, 40평형 이상은 40만 원대 정도입니다. 아파트를 보유하고 있다가 매도 시 그대로 돌려받는 금액이니 비용이라고 할 순 없지만 매도 전까지는 묶어 둬야 하는 돈입니다. 매수, 매도 시 중개인이 확인하지만 간혹 돌려받지 못하는 경우도 발생합니다. 뒤늦게 번거로운 일이 생기지 않으려면 챙겨야 할 항목을 메모해 두었다가 거래 시 한 번 더 확인하는 게 좋습니다.

Q. 매수 후 바로 임대를 놓으려면 어느 부동산에 의뢰해야 할까요?

A. 매수계약을 진행한 부동산에 우선 의뢰합니다.

"투자로 매수한 집이라 매수 후 바로 전세를 내놓고 임차인의 보증금으로 잔금을 하려고 하니 마음이 급합니다. 어느 부동산 에 내놔야 할까요? 몇 군데나 내놔야 할까요?"

첫째, 매매 거래를 한 중개사무소에 우선 의뢰합니다.

아마도 중개인은 자기에게 단독으로 내놓기를 원할 것입니다. 50번 질문에서 설명한 '양타' 때문입니다. 상도의상 단독으로 중개할 수 있도록 시간을 주는 것도 추천합니다. 다만 전세가 빨리 빠지는 시기거나 잔금이 여유 있는 경우에만 권합니다. 전세계약에 대한 중개수수료는 별도로 청구되는 것이 원칙이므로 단독으로 매물을 내놓는 조건으로 중개수수료를 조율하는 것도 좋은 전략입니다.

둘째, 전세가 빨리 빠지지 않는다면 미리 대처해야 합니다.

2~3주 정도는 단독으로 매물을 의뢰했다면 이제 사정을 이야기하고 여러 중개사무소에 매물을 의뢰하겠다고 말합니다. 오히려 전세가 잘 안 구해지면 다른 곳에도 의뢰하라고 먼저 알려 주는 중개인도 있습니다. 그때가 되면 본격적으로 여러 군데 매물을 내놓습니다. 기왕이면 매물 내역을 한눈에 확인할 수 있도록 정리해서 문자를 보내면 더욱 좋습니다. 미리 찍어 놓은 사진이 있다면 같이 보냅니다. 사진도 좋지만 실제 방문했을 때 집이 깨끗이 정리되어 있고, 세입자가 집을 잘 보여 주는 것이 전세를 빨리 놓는 최고의 비결입니다.

<임대 의뢰 문자 예시>

래미안 101동 1101호
전세가 : 5억(조율 가능)
입주가능일 : 5월 11일부터
수리와 확장 여부
(올수리 혹은 수리된 부분-싱크대, 화장실 수리됨)
(올확장 혹은 거실, 작은방 확장)
공실이라면 공동현관과 집 비밀번호
주인이나 세입자가 살고 있다면 연락처
010-123-4567

Q. 임대 목적의 인테리어는 어느 정도까지 하면 될까요?

A. 꿀팁을 자세히 알려 드립니다.

인테리어는 실거주용이냐 임대용이냐에 따라 비용 차이가 매우 큽니다. 임대용이라면 가성비를 최우선으로 기준을 잡고 인테리어 항목과 질을 선택합니다. 실크도배를 해 줬다고 해서 더 깨끗하게 쓰고, 합지도배를 했다고 해서 더 지저분하게 쓰는 것도 아닙니다. 어차피 임대계약이 끝나고 새로운 임차인을 받으면 교체를 요구할 수 있습니다. 비용을 들여 깨끗하게 쓰라고 당부하는 것보다 적당한 금액으로 해 주고 마음 편히 살라고 하는 게 더 낫다는 생각입니다.

임대용 인테리어 중 기본사항으로 도배, 장판, 페인트칠(화이트 몰딩 추천), LED등 교체를 추천합니다.

도배는 실크가 아닌 합지를 추천하며, 합지에도 광폭합지와 소폭합지가 있습니다. 광폭이 조금 더 비쌉니다. 도배는 도배지 가격보다 인건비가 차지하는 비중이 훨씬 크기 때문에 광폭합지냐, 소폭합지냐는 시공비가 크게 차이 나지 않습니다. 도배한 후에도 크게 차이가 안 느껴지기도 합니다. 그래서 저는 소폭합지로 합니다.

장판은 두께에 따라 가격 차이가 납니다. 임대용이라면 모노륨 1.8T 정도면 무난합니다. 장판은 두께보다 색 선택이 더 중요합니다. 장판 색은 유행을 많이 탑니다. 요즘은 밝은 색의 장판을 선호합니다. 전체적으로 화이트 톤 베이스 인테리어가 선호도가 높다 보니 장판 역시 밝은 색을 많이 선택합니다.

페인트는 화이트가 가장 깔끔하고 좋습니다. 좁은 집을 더 넓게 보이게 하는 효과도 있습니다. 페인트 시공을 선택하면 기본적으로 앞, 뒤 베란다와 방문, 몰딩까지 포함입니다. 일부 몰딩은 페인트가 안 먹는 곳이 있는데 이럴 경우 시트지 시공을 따로 해야 합니다. 임차인들이 가장 비선호하는 것이 체리색 자재들입니다. 오래된 집이어서 몰딩이 체리색이라면 무조건 화이트로 교체하는 것을 추천합니다.

LED등은 집을 환하게 해 주는 효과가 커서 가능하면 전체 교체를 추천합니다. 집을 매도할 때에도 집이 밝으면 훨씬 잘 팔립니다. LED등은 인터넷과 매장의 가격 차이가 심한 편입니다. 전기에 해당하는 부분이지만 도배 시공하는 분들도 충분히 등을 교체할 수 있습니다. 인터넷으로 LED등을 주문하고 도배 시공 시 부탁하면 해 주는 경우도 많습니다. 소정의 수고비를 요구하면 오히려 경험이 있으신 분이므로 더 믿을 수 있습니다.

콘센트 커버와 방문 손잡이 역시 도배 시공 시 같이 부탁하면 좋습니다. 인테리어 업체에 별도로 시공을 의뢰하면 인건비가 발생되어 콘센트 커버 교체에 약 15~20만 원, 방문 손잡이 교체에 약 15~20만 원(개당 3만 원선)을 요구합니다. 인터넷에서 자재를 구입하면 콘센트 커버 일체가 약 5만 원, 방문 손잡이 개당 1만 원 이하로 구입이 가능합니다.

기본집(처음 입주하고 크게 수리하지 않은 집)이라면 화장실 수리, 싱크대와 신발장 교체는 필수입니다. 임대용 인테리어에서 가장 큰 비용을 차지하는 부분입니다. 하지만 싱크대와 화장실만 수리되어 있어도 매매나 임대 시 좋은 조건의 매물이 됩니다.
화장실 수리는 공실 기간이 대략 일주일 정도 있어야 가능합니다. 임대를 맞추거나 매매 과정에서 일주일 정도 공실이 발생한다면 비용을 들여서라도 시공하는 것을 추천합니다. 대부분의 화장실 수리는 덧방(기존 타일 위에 덧씌우는 시공)으로 시공하지만 덧방이 힘든 경우 기존 타일을 모두 뜯어내고 수리합니다. 이때는 비용이 훨씬 더 많이 추가됩니다. 최근에는 욕조를 없애고 욕실을 넓게 사용할 수 있도록 시공하는 게 트렌드이며, 이를 고려하여 시공하면 임대 놓기에도 수월합니다.

싱크대도 일자형이냐 ㄱ자형이냐에 따라 시공비가 달라집니다. 싱크대 교체에서 비용이 크게 차이 나는 부분은 상판입니다. 임대용 인테리어라면 굳이 대리석 상판보다 인조대리석 상판을 추천하고, 스테인레스강 상판은 가능하면 추천하지 않습니다.

신발장은 집에 들어설 때 가장 먼저 마주하는 가구입니다. 목재를 다루는 싱크대 업체에서 신발장도 함께하면 비용을 절감할 수 있습니다.

화장실, 싱크대, 현관에 공통으로 들어가는 게 타일입니다. 타일 시공은 전문 기술이 요구되기 때문에 따로 시공하면 인건비가 많이 발생합니다. 따라서 화장실 시공 시 싱크대 벽면, 현관 타일까지 같이 시공하는 게 좋습니다. 베란다도 타일로 시공하면 좋지만 베란다는 면적이 넓어서 비용이 생각보다 많이 추가됩니다. 크게 깨진 곳이 없다면 깨끗하게 물청소 정도로 마무리하는 것을 가성비 인테리어 차원에서 추천합니다.

사소하지만 베란다에 빨래걸이가 낡았다면 새것으로 교체합니다. 빨래대가 있다고 해도 큰 빨래는 빨래걸이가 필요합니다. 깨끗하게 다루어야 할 빨래를 낡은 빨래걸이에 걸고 싶지는 않을 것입니다. 5만 원 내외로 시공이 가능하며 화장실과 싱크대 시공을 한 곳에 맡겼다면 빨래걸이는 서비스로 해 주십사 조심스레 말씀드려 보는 것도 좋습니다.

여름에 가장 중요한 부분이 방충망입니다. 방충망을 테두리까지 교체하는 것은 비용이 많이 들지만, 안쪽에 망만 교체하는 것은 개당 3만 원 정도면 가능합니다. 샷시를 교체하는 경우가 아니면 굳이 방충망을 통째로 교체할 필요는 없습니다. 작은 면적이 손상되었다면 다이소 등에서 판매하는 수리테이프로도 가능하며, 다소 넓은 부분이 손상되었다면 망을 교체하는 게 좋습니다.

Q. 분양권이나 입주권은 일반 주택 매수와 어떤 차이가 있나요?

A. 잔금 및 등기 등 여러 부분에서 차이가 있습니다.

분양권이나 입주권이 기존 주택과 다른 점은 당장 임대나 거주를 결정하지 않아도 된다는 것입니다. 임대계약을 맺고 잔금을 한다거나 거주를 위해 이사 날짜를 조율하는 등의 과정이 필요하지 않으므로 계약부터 잔금까지 많은 과정이 생략됩니다. 일반 주택 매수는 필요에 따라 계약과 잔금이 빠르게 진행될 수 있습니다.

분양권의 경우 잔금 시 명의변경이라는 중요한 절차가 추가됩니다. 명의변경을 위해서는 중도금대출을 승계해야 하기 때문에 이 두 가지가 기존 주택 매수와 큰 차이점입니다. 분양권

명의변경은 모델하우스에서 자체적으로 실시하며 날짜를 지정해서 알려 줍니다. 매수자와 매도자는 이 날짜에 맞춰 일정을 조율합니다. 대부분의 사업장이 한 달에 한 번 명의변경 날짜를 지정하며 첫째 주나 둘째 주 목요일이 일반적입니다. 따라서 계약서 작성 익월 명의변경 날짜에 맞춰 잔금 날짜를 정하며 계약일과 명의변경일 사이의 간격이 짧아 서류 준비가 힘든 경우는 날짜를 조율하기도 합니다. 매도자는 대리가 불가능하기 때문에 직장에 다닌다면 잔금 날짜를 정할 때 연차 가능 여부나 휴가 기간을 미리 알아보면 좋습니다. 잔금일에 중도금대출을 승계할 은행에 먼저 방문해서 서류에 자서(자필서명)를 하고 모델하우스로 이동해 명의변경을 완료합니다. 매수자일 경우 대리인 참석도 가능합니다.

조합원 입주권의 경우 조합원 소유 물건 전체가 시공사에 신탁이 걸려 있기도 합니다. 이런 경우 명의변경 시 조합에서 지정한 법무사를 통해서만 진행해야 합니다. 법무사 비용은 저렴하지 않지만 이는 감수해야 합니다. 잔금 혹은 법무사의 업무 처리 후에는 조합원 명의변경을 위해 조합사무실에 반드시 한 번은 방문해야 합니다. 조합원 명의변경과 관련한 서류를 제출해야만 이후에 진행되는 과정 및 총회 참석 안내 등을 놓치지 않고 받을 수 있습니다. 정비사업 조합원이 되면 총회에 참석하여 의결권을 행사한다거나 평형 신청을 하는 등 스스로 챙겨야 할 사항들이 있습니다. 조합에서 오는 우편물이나 안내를 꼼꼼히 챙겨야 하며 주소나 연락처 변동 시 조합에 고지하는 것을 잊지 말아야 합니다.

Q. 분양권 매수 시 양도세 매수자 부담이 무슨 뜻인가요?

A. 매도자의 세금을 대신 내 주는 것으로 추가 프리미엄에 해당됩니다.

분양권은 등기를 하지 않고 매도 시 60~70%의 높은 양도세가 부과됩니다. 매도자는 분양권을 팔아도 세금을 내고 나면 수익이 별로 없기 때문에 매도 결정을 내리기가 쉽지 않습니다. 이 경우 매수자가 양도세를 부담하는 조건으로 계약을 체결하기도 합니다. 매도자가 받고 싶은 프리미엄이 3,000만 원이라면 3,000만 원에 부과되는 세금을 매수자가 추가로 지불하는 것을 '양도세 매수자 부담'이라고 합니다. 이러한 계약은 당연히 매도자 우위 시장에서 볼 수 있는 계약 형태입니다.

양도세 매수자 부담이 불법이라고 생각하는 사람들이 많지만 이는 합법적인 계약입니다. 매수자 부담으로 지급한 세금은 양도세 신고 시 매수 경비로 인정되며 양도세를 줄일 수 있습니다.

Q. 분양아파트 입주 절차는 어떻게 되나요?

A. 입주지정기간 2~3개월이 주어집니다.

입주자모집공고에 입주예정일자가 고지됩니다. 공사가 지연되는 경우도 있지만 대부분의 경우 고지된 입주예정일자에서 크게 벗어나지 않습니다. 입주가 크게 지연되는 경우는 미리 공지되니 건설사에서 오는 안내문을 확인하여 입주 계획을 잡습니다. 분양아파트 입주와 관련한 몇 가지 팁을 알려 드립니다.

하나, 입주날짜예약시스템을 잘 활용한다.

공사 막바지가 되면 입주가능일 최소 2~3개월 전에 입주지정일을 안내합니다. 입주기간은 대략 2~3개월로 여유 있게 주어지기 때문에 입주 날짜를 충분히 조정할 수 있습니다. 시공사에서는 입주날짜예약시스템을 통해 미리 예약을 받습니다. 많은 사람들이 원하는 주말 입주는 서둘러 예약하지 않으면 어려울 수 있습니다. 2~3개월이라고 해도 토요일은 12번 밖에 되지 않습니다. 오전 오후로 나눠서 하루에 2, 3팀으로 이사를 제한하기 때문에 주말에만 이사가 가능한 사람이라면 입주날짜예약시스템이 열리는 첫날 예약을 서둘러야 합니다.

둘, 임대를 놓을 경우 입주지정기간보다 앞서서 내놓는다.
직접 입주하지 않고 임대를 줄 예정이라면 입주지정기간 전에 서둘러 내놓는 것이 좋습니다. 입주예정기간에 가까울수록 임대매물이 늘어나기 때문에 전세가격이 내려가기도 합니다. 주변에 입주 시기가 겹치는 아파트가 있거나 기존 임대물건이 적체되어 있다면 입주예정일이 끝날 때까지 임대를 맞추지 못할 수도 있습니다. 그렇기 때문에 임대를 줄 계획이라면 주변 아파트 전세 매물 수나 임대가를 확인하고 미리 준비하는 게 좋습니다. 물론 미리 내놓는다고 해서 바로 나가는 것은 아닙니다. 사전점검 기간에 집을 보고 결정하려는 사람들이 많기 때문입니다. 하지만 가격만 적당하면 새 아파트라서 딱히 보지 않고 임대계약을 하는 경우도 있기 때문에 미리미리 준비하는 것이 좋습니다.

셋, 잔금대출 혹은 임대계약 날짜와 입주예정일을 맞춘다.

입주를 하기 위해서는 분양대금 완납이 필수입니다. 자유롭게 드나들기 위해서는 세대 열쇠가 교부되어야 하는데 선결 조건이 잔금완납확인서류 제출입니다. 잔금대출을 통해 분양대금을 완납할 계획이라면 이사 날짜에 맞춰 대출을 실행합니다. 집단대출은 대체로 입주예정기간에 맞춰 실행되지만 입주예정기간 초반에 입주할 생각이라면 최대한 빨리 대출을 신청하는 것이 좋습니다. 대출 신청 이후 승인이 되기까지 약 한 달 정도의 기간이 소요되기 때문입니다.

만약 임대를 놓고 보증금으로 분양대금 완납을 계획한다면 임대계약에 따라 입주지정기간 이후에 분양대금을 완납하게 될 수도 있습니다. 이 경우 연체이자가 발생하므로 가능하면 입주예정기간 내에 입주할 수 있도록 세입자와 날짜를 조정하는 것이 좋습니다.

입주지정기간이 지나면 전세금이 오른다는 말만 듣고 무작정 연체 전략을 펴는 사람들이 있습니다. 이는 인근에 신규 아파트 입주가 없거나 전세 매물이 부족한 경우에 해당되는 전략입니다. 주변 임대 매물 추이나 입주 예정 아파트에 대한 사전 조사 없이 높은 임대가를 제시했다가 입주예정일이 지나도록 임대를 맞추지 못해 독촉에 시달리는 경우도 있습니다.

넷, 환기와 베이크아웃 기간으로 활용한다.

입주예정기간 2~3달 동안은 매일 아파트에 방문할 수 있습니다. 물론 갈 때마다 입주예정센터에 들러 카드키를 받아야 하고 퇴실 전 반납해야 하는 번거로움이 있지만 이 기간을 잘 활용하면 입주 시 조금 더 쾌적한 환경에서 입주할 수 있습니다.

새 아파트의 경우 자재나 접착제 등에서 발생하는 유해물질이 집 안에 가득합니다. 친환경자재를 사용하는 추세지만 유해물질에서 완전히 자유로울 수는 없습니다. 유해물질을 배출하는 가장 좋은 방법은 환기와 베이크아웃입니다. 입주예정기간 중 자주 방문해 창문을 열어 환기시키고 유해물질 제거에 도움이 되는 것들을 가져다 두면 좋습니다. 선풍기가 있다면 틀어서 환기를 돕는 것도 방법입니다. 더불어 새집증후군의 요인이 되는 유해물질을 배출하는 가장 좋은 방법은 베이크아웃(bake out)입니다. 베이크아웃은 새 집에 가구를 들이기 전 실내 온도를 높였다가 환기를 시키며 포름알데히드 같은 유해 가스나 물질을 제거하는 방법입니다. 베이크아웃은 난방 가동이 가능해야 하므로 사전점검기간이나 입주지정기간 초기에는 불가능할 수도 있습니다. 일부 아파트는 베이크아웃을 위해 미리 난방을 가동하는 곳도 있으니 입주 전 베이크아웃을 여러 번 실시해서 집 안의 유해물질을 배출합니다.

다섯. 입주지정기간 후반부에 입주하는 것이 좋다.

입주지정기간 중 가능하다면 후반부에 입주하는 것을 추천합니다. 입주지정기간 초기에 입주하면 세대는 물론 주변 조경 마무리 작업이 한창이라 아파트 자체가 어수선합니다. 마무리 공사가 한창이라 매일 공사 소음을 감수해야 할 수 있습니다. 공동관리비는 입주한 사람을 대상으로 1/n 하여 청구되므로 초기에는 부담해야 할 공동관리비가 생각보다 많을 수도 있습니다. 입주를 빨리하면 하자 보수를 신청한 부분도 다 처리되지 못한 채 입주해야 할 수도 있습니다. 환기와 베이크아웃을 여러 번 해서 유해물질을 최대한 배출한 후에 입주하는 것도 새집증후군을 막는 데 효과적입니다. 이러한 이유로 가능하면 입주지정기간 초반보다는 후반에 입주하는 것을 추천합니다.

Q. 분양아파트 사전점검이 무엇인가요?

A. 입주 전 아파트 내부를 처음 볼 수 있는 기회입니다.

우리나라 아파트 분양제도는 사전분양을 기본으로 합니다. 아파트가 지어지지 않은 상태에서 분양계약을 하고 계약자의 자금과 신용을 담보로 공사대금을 마련해 집을 짓는 시스템입니다. 그나마 모델하우스를 지어서 아파트 내부를 확인하는 정도에 그칠 뿐 실제 내가 살 집을 볼 수는 없습니다. 모델하우스 역시 모든 타입을 만들어 놓지 않기 때문에 도면으로 확인해야할 수도 있습니다. 또한 층마다 뷰나 동간거리는 시뮬레이션을 통해 확인할 수밖에 없습니다. 사용하는 자재 역시 지어진 후에야 확인이 가능합니다. 수억에서 수십 억 원에 달하는 집을 보지도 않고 계약하는 시스템이 현재 우리나라의 분양제도입니다.

아파트 완공을 앞두고 사전점검기간이 통보됩니다. 보지도 않고 계약한 집의 내부를 처음으로 확인하는 기간입니다. 많은 사람들이 들뜬 마음으로 사전점검에 참여합니다. 사전점검 때에는 하자를 찾는 게 중요합니다. 마감을 하지 않은 상태에서 하자를 발견할 경우 보수 후 마감을 할 수 있어 더 좋습니다. 타일 같은 입주 후에 보수하기 곤란한 작업이라면 사전점검기간에 반드시 찾아서 보수 신청을 해야 합니다. 사전점검에 방문하지 않고 입주했다가 사는 동안 하자 보수를 받으려면 불편을 감수해야 합니다. 일정상 사전점검기간에 방문이 힘든 사람을 위해 하자점검을 전문으로 하는 회사도 있습니다. 평당 1만 원선에서 점검 비용을 청구하는데 업체에 따라 만족도 차이가 매우 큽니다. 아무리 돈을 주고 하더라도 내 집처럼 꼼꼼하게 확인할 사람은 없습니다. 기왕이면 일정을 조정하여 사전점검기간에 반드시 방문하고 하자 보수를 신청하는 걸 추천합니다. 입주 후 하자 보수가 제대로 됐는지 확인할 수 있도록 하자 접수 신청서를 제출하기 전에 사진을 찍어 보관하는 것도 잊지 않아야 합니다.

Q. 입주 전 잔금을 완납하지 않고도 청소할 수 있나요?

A. 네, 가능합니다.

아파트에 자유롭게 드나들 수 있으려면 분양대금 완납이 선결 조건입니다. 잔금대출을 실행하고 입주할 예정이라면 대출 실행 날짜를 이사 날짜보다 1, 2일 이전으로 지정하면 열쇠를 미리 받아 입주 청소와 인테리어를 자유롭게 할 수 있습니다. 하지만 현재 살고 집에서 잔금이나 보증금을 수령하여 입주하는 경우라면 미리 분양대금 완납을 할 수 없습니다. 시공사에서도 이러한 상황을 충분히 고려하여 분양대금 완납 전 입주청소는 허용합니다. 소소한 붙박이장 설치 정도까지는 관례상 허용하지만 기존 것을 뜯어야 하는 큰 공사는 분양대금 완납 이전에는 불허가가 원칙입니다.

Q. 입주지정기간 내에 잔금을 완납하지 못하면 어쩌죠?

A. 연체이자만 내면 된다고 생각하면 안 됩니다.

분양대금 완납 기한은 입주지정기간이 끝나는 날입니다. 입주를 하든 못하든 그날 이후부터는 연체이자가 발생합니다. 대부분의 분양계약이 계약금 10%는 계약 시, 중도금 60%는 중도금 대출로, 잔금 30%는 입주지정기간 만료일까지 납부하는 것으로 되어 있습니다. 대부분의 사람들은 잔금을 내지 못하면 잔금에 대한 연체이자만 생각합니다. 하지만 입주지정기간 만료 시에 청산해야 하는 대금은 잔금 30%에 대한 이자가 아니라 분양대금 90%에 대한 이자입니다. 중도금대출로 대체했던 중도금 60%에 잔금 30%를 더한 금액에 대한 연체이자가 일할로 부과됩니다. 만약 분양가가 6억이라면 중도금과 잔금은 약 5억

4,000만 원입니다. 연체이자를 6%로 가정하면 매달 270만 원이라는 큰 금액이 산출됩니다. 막상 연체를 하고 보면 연체이자 외에도 납부해야 할 것들이 많아서 당황하게 됩니다. 입주지정기간 내에 분양대금을 청산하지 못하면 부담해야 할 것들은 다음과 같습니다.

· 잔금(분양대금의 30%)에 대한 이자
· 중도금(분양대금의 60%)에 대한 이자
· 중도금이자 후불제의 경우 시공사에서 내 준 중도금이자에 대한 이자
· 옵션 금액에 대한 이자
· 입주지정일 이후부터의 관리비(입주 여부와 상관없이 부과)

중도금대출은 만료기간이 정해져 있습니다. 공사 완료 시기를 정확히 예측할 수 없지만 공고문에 제시된 입주예정일을 기준으로 1~2개월 정도 여유 있게 중도금대출 만료기간이 자동 설정됩니다. 연체이자를 부담하면서까지 잔금을 늦출 수는 있지만 중도금대출 만료일은 연장할 수 없습니다. 여기서 중요한 것은 중도금대출 연체는 신용평가에 영향을 준다는 점입니다. 잔금 연체가 예상되면 중도금대출 자서 서류를 확인하여 중도금대출 만료일부터 확인해야 합니다. 잔금 연체보다 중도금대

출 만기를 놓치지 않는 것이 핵심입니다. 입주지정일 이후 임대료 상승을 기대하며 여유를 부리다가 무리한 연체이자 부담과 함께 신용 등급이 하락할 수 있다는 점을 꼭 기억해야 합니다.

Q. 분양아파트 입주 시 잔금대출은 꼭 지정 은행에서 하나요?

A. 그렇지 않습니다.

분양아파트는 크게 두 번의 대출을 진행합니다.

첫 번째, 중도금대출

중도금대출은 지정 은행에서 실시하며 선택권이 별로 없습니다. 규제지역의 경우 다주택자이거나 DSR*에 걸려 중도금대출이 안 돼서 자납(자기 돈으로 납부)하는 경우도 간혹 있으나 대체로 중도금대출을 실행하고 아파트가 완공되기를 기다리면 됩니다.

*DSR(총부채원리금상환비율): 개인이 받은 모든 대출의 연간 원리금을 연소득으로 나눈 비율을 말한다.

두 번째, 잔금대출

입주가 다가오면 임대차계약을 하거나 잔금대출을 실행해 중도금을 포함한 분양대금을 완납합니다. 잔금대출을 취급할 은행들이 선정되면 신청 접수를 합니다. 일명 자서(자필서명)라고 하는 대출 신청 절차를 밟게 됩니다. 대부분 취급 은행으로 선정된 은행에서 잔금대출을 신청하지만 반드시 그 은행이 아니어도 된다는 사실을 아는 사람은 별로 없습니다. 중도금대출은 지어지지 않은 가상(?)의 담보물을 대상으로 실시되기 때문에 개인적으로 알아보기 힘듭니다. 하지만 잔금대출은 다 지어진 주택을 담보로 실시하는 주택담보대출입니다. 실거래 내역이 없는 경우 시세를 정확하게 파악하기 힘든 점이 있지만 은행들은 자체 감정을 통해 대출 가능 금액을 결정합니다. 따라서 개인적으로 은행을 알아봐서 잔금대출을 실행해도 무방합니다. 다만 집단으로 실행하는 곳에 비해 서류를 까다롭게 요구하거나 대출 금액이 적게 나올 수도 있으니 충분히 알아보고 선택합니다.

Q. 대출은 주거래 은행을 이용하는 것이 유리한가요?

A. 그렇지 않습니다.

대출할 때 주거래 은행은 아무런 도움이 되지 않습니다. 카드도 쓰고 월급도 이체하며 충성도를 높였다고 해서 대출할 때 특별대우를 해 줄 거라는 기대는 하지 않는 편이 낫습니다. 은행마다 대출 총량이 있고, 상품에 따라 신규 거래여도 좋은 조건으로 대출 받을 수 있는 경우가 있습니다. 대출을 받아야 한다면 주거래 은행에만 문의하지 말고 다양한 금융기관의 대출 상품을 충분히 비교한 후 진행합니다.

Q. 대출 받을 은행을 알아보는 방법이 있나요?

A. 대출비교사이트나 대출상담사를 적극 활용합니다.

· 대출상담사는 제1금융권 대출을 취급하지 않는다?

  → 취급합니다.

· 대출상담사에게 대출을 받으면 금리가 높다?

  → 꼭 그런 것은 아닙니다.

· 대출상담사에게 대출을 받으면 신용 등급이 더 떨어진다?

  → 아닙니다.

아파트 입주 시 실시하는 집단대출에 자서를 하러 가면 책임자가 은행 직원이 아니고 대출상담사인 경우가 많습니다. 대출상담사라고 해서 수수료를 많이 챙기고, 고금리 이자만 취급하며, 신용 등급을 떨어뜨리는 제2금융권 대출만 취급하는 것은 아닙니다. 대출상담사도 제1금융권 대출을 먼저 알선하며 대출이 불가한 경우 제2금융권 대출을 권합니다. 우리가 알고 있는 금융기관 중 제2금융권은 수협, 신협, 새마을금고, 보험사(삼성생명) 등이 있습니다. 대출상담사에 대한 편견을 내려놓으면 훨씬 다양한 조건의 대출 상품을 활용할 수 있습니다.

Q. 마이너스통장으로 집을 사도 되나요?

A. 네, 가능합니다.

마이너스통장은 어떤 용도로든 활용할 수 있습니다. 마이너스 통장 한도를 결정하는 중요한 요소는 연봉입니다. 고연봉자의 경우, 마이너스통장 한도가 1억이 넘기도 합니다. 일부 은행에서는 마이너스통장 한도가 1억이 넘을 경우, 1억 원까지는 마이너스통장으로, 그 이상의 한도에 대해서는 일반신용대출로 승인합니다. 간혹 1억이 넘는 금액으로 마이너스통장 개설이 가능한 은행이 있지만 이때 주의할 점이 있습니다. 마이너스 통장으로 주택을 구입하지 않는다는 약정서를 요구합니다. 따라서 마이너스통장 한도가 1억원이 넘을 경우, 마이너스 통장과 일반신용대출로 나눠서 받을 것인지 잘 결정하기 바랍니다.

Q. 대출금으로 집을 사면 안 되는 대출도 있나요?

A. 생활안정자금대출은 집을 사면 안 됩니다.

생활안정자금대출은 일종의 주담대(주택담보대출)입니다. 거주하는 집을 담보로 연 1억(2억으로 상향된다는 기사가 있지만 확정은 아님)까지 대출됩니다. 주택담보대출이기에 임대를 준 집은 대체로 해당 사항이 없으며 등기부에 근저당이 표시됩니다.

보통 생활안정자금대출 신청 시 이후 주택 수를 늘리지 않겠다는 서약서를 작성합니다. 그렇기 때문에 주택담보대출이라고 해서 아무 생각 없이 주택을 구입하는 데 사용해서는 안 됩니다. 대출 이후 수시로 주택 수 증가 여부를 확인하며 대출금 회수 등의 불이익을 받을 수 있습니다.

Q. 등기는 누가 하나요?

A. 법무사에 의뢰하거나 셀프로 진행할 수 있습니다.

잔금일이 다가오면 소유권이전등기를 준비해야 합니다. 소유권이전등기 신청은 보통 매수자가 진행하며 세 가지 방법이 있습니다.

하나, 매수한 중개인이 소개하는 법무사에게 의뢰합니다. 본인이 아는 법무사가 있거나 셀프등기를 하고 싶다면 중개인에게 미리 말해서 법무사 선임이 중복되는 일이 없도록 합니다. 중개인이 소개하는 법무사를 선임하면 정해진 요율대로 수수료를 부과하기 때문에 생각보다 많은 수수료가 부과될 수 있습니다.

둘, 법무통 같은 앱을 활용해 수수료를 할인해 주는 법무사를 선임합니다. 계약서를 올리면 견적을 미리 받아 볼 수 있어 수수료를 비교해서 결정합니다.

셋, 셀프등기에 도전합니다. 잔금 당일 2~3시간 정도만 할애하면 법무사 수수료 없이 셀프로 등기 접수를 할 수 있습니다. 여기서는 셀프등기 절차와 준비물만 소개하고, 자세한 내용은 '레비앙의 블로그-셀프등기 카테고리(blog.naver.com/leviang)'를 참고합니다.

셀프등기 절차

사전준비	→	부동산	→	구청	→	은행	→	등기소
서류준비		서류받기		취득세 고지서발급		각종수납		서류제출

준비물

나(매수인)	☐ 매매계약서(원본) ☐ 주민등록등본(민원24 사이트에서 무료 발급) ☐ 신분증, 도장(인감 아니어도 됨)
전 주인 (매도자)	☐ 등기권리증(등기필증) ☐ 주민등록초본(전 주소가 나오도록 발급된 것) ☐ 매도용 인감증명서(매수인의 인적 사항이 들어가야 함) ☐ 인감도장(반드시 인감증명서와 일치하는 도장)

부동산	☐ 부동산거래신고필증 ☐ 중개수수료 영수증(등기와는 무관하나 꼭 받아야 함)
가장 중요	☐ 위임장(인터넷등기소 양식 다운받아 작성) 작성 후 전 주인 (매도자) 인감 받기 : 틀리면 다시 인감도장을 받기가 매우 어려우니 빈 위임장 양식에도 도장을 받는다. (빈 위임장 양식 1, 2장 더 준비)

* 비용상 - 셀프(수수료 0원) > 법무통 검색 > 부동산 소개 법무사

* 편리함 - 부동산 소개 법무사 > 법무통 > 셀프

Q. 대출이 있는 경우 셀프등기는 불가능한가요?

A. 대체로 그렇습니다.

아래의 경우는 셀프등기보다 법무사의 도움을 받는 것을 추천합니다.

매수하려는 집에 근저당이 있어서 잔금과 동시에 말소해야 하는 경우
물론 셀프로 말소가 안 되는 것은 아니지만 생각보다 많은 과정이 필요합니다. 또한 재산권 행사에 제한을 가하는 상황인만큼 정확하게 처리해야 할 사항입니다. 따라서 이런 경우 셀프등기는 추천하지 않습니다.

매수하려는 집에 대출을 받을 경우

대출을 실행하는 은행에서 자신들이 고용한 법무사에게 업무 처리를 일임하기 때문에 어쩔 수 없이 다른 법무사를 선임할 수 없습니다. 또한 청구되는 수수료도 상당히 비쌉니다. 법무통에 의뢰한 견적보다 2배 정도는 더 나올 것을 각오해야 합니다. 대출이자를 조금 더 줬다고 생각하는 수밖에 없습니다.

Q. 등기비용 견적서를 미리 받아 볼 수 있나요?

A. 네, 미리 받을 수 있습니다.

잔금일이 되기 전 반드시 법무사에게 견적서를 미리 요구하고 검토해야 하는 이유를 알려 드립니다.

첫째, 잔금 당일 견적서를 받으면 바로 납부해야 등기가 접수된다는 부담에 꼼꼼히 확인하기 어렵습니다. 계약서만 작성되면 견적서는 바로 받을 수 있으므로 반드시 잔금일 전에 견적서를 요청하고 검토합니다. 그렇다고 너무 일찍 요청하면 정확한 비용을 산출할 수 없습니다. 채권할인이라는 것이 있는데 할인요율이 매일 바뀌기 때문입니다. 법무사에게 계약서를 보내고 잔금 전에 견적서를 미리 받고 싶다고 요청하면 잔금일

며칠 전에 받아 볼 수 있습니다.

둘째, 과다청구된 금액은 없는지 확인하고 조정을 요청할 수 있습니다.

셀프등기를 권하는 이유 중 하나가 법무사에서 청구하는 금액 중에 과다하게 청구된 금액은 없는지 확인하기 위해서입니다. 등기에 어떤 비용이 발생하는지 정확히 알아야 견적서에서 과다청구된 부분은 없는지 체크가 가능합니다. 실제로 저 역시 청구된 채권할인 금액이 과다한 것을 발견하고 조정된 금액으로 납부한 경험이 있습니다.

Q. 등기비용이 궁금해요.

A. 아는 만큼 아낄 수 있습니다.

일반적인 법무사 견적서

보수액			공과금		
적요	금액	비고	적요	금액	비고
기본수수료	70,000		취득세	자진납부	
누진수수료	130,000		교육세		
원이증서	30,000		농특세		
세금납부대행	30,000		증지대	15,000	
교통비, 일당	40,000		인지대	150,000	
			주택채권	125,000	
			제증명	40,000	
			부가세	30,000	
계	300,000		계	360,000	
			총계	660,000	

수수료가 최소화 된 견적서

보수액			공과금		
적요	금액	비고	적요	금액	비고
보수료	150,000		취득세	자진납부	
부가세	15,000		교육세	자진납부	
			농특세	자진납부	
			증지대	13,000	
			인지대	150,000	
			주택채권	125,000	
계	175,000		계	288,000	
			총계	463,000	

Q. 등기비용 - 취득세 관련 궁금증

A. 적용 요율이 잘 적용되었는지 확인합니다.

취득세는 정해진 요율이 있으므로 요율만 정확히 적용됐는지 확인하면 됩니다.

주택 유상·무상 취득

취득원인	구분	조정지역	비조정지역
유상	1주택	· 6억 이하: 1% · 6억 초과 9억 이하: 1~3% · 9억 초과: 3%	
	2주택	8% (일시적 2주택 제외)	1~3%
	3주택	12%	8%
	유상법인· 4주택 이상	12%	12%

무상 (상속 제외)	3억 이상	12%	3.5%
	(상속 제외) 3억 미만	3.5%	3.5%

　　다주택자와 법인에 대한 취득세 중과가 시행되면서 중과에서 제외되는 주택을 취득하는 경우, 법무사가 제공하는 견적을 잘 확인할 필요가 있습니다. 간혹 공시가가 1억 미만이라서 다주택자 여부에 상관없이 1.1%를 적용해야 하는데 높은 요율을 적용하는 실수가 발생하기 때문입니다.

Q. 등기비용 – 증지대 관련 궁금증

A. 13,000원 혹은 15,000원 입니다.

등기소에 소유권이전등기 신청을 접수할 때 무조건 내야 하는 수수료입니다. 전자폼으로 입력하고 신청하면 13,000원, 현장에서 접수하면 15,000원입니다. 법무사는 대체로 전자폼을 이용하겠지만 수수료는 15,000원을 받기도 합니다. 어떤 금액을 청구하든 큰 차이는 아니니 이 정도는 넘어가도 좋겠습니다.

Q. 등기비용 - 국민주택채권 관련 궁금증

A. 당일 채권할인율을 확인합니다.

소유권이전등기를 신청하기 위해서 등기명의자는 1종 국민주택채권을 매입할 의무가 있습니다. 채권은 주식과 같은 것으로 구입 후 보유했다가 일정 기간이 지난 후 팔면 이자를 받을 수도 있습니다. 하지만 대부분 등기신청을 위해 구입하는 채권은 당일에 고객부담금을 부담하고 환매하는 경우가 많습니다.

내가 얼마의 채권을 사야 하느냐가 매입대상금액입니다. 매입대상금액은 주택 공시가격에 따라 달라집니다. 공시가격은 부동산공시가격알리미(www.realtyprice.kr) 사이트에서 주소를 검색하면 확인할 수 있습니다.

채권을 산 후 대부분의 사람들은 바로 매도합니다. 단기 매도이기 때문에 수수료를 떼는 느낌으로 할인율이 적용됩니다. 이 것이 고객부담금입니다. 이때 적용되는 할인율은 매일 변동되며, 할인율에 따라 부담금 차이가 제법 날 수 있습니다. 법무사에서 준 견적을 그대로 보기보다는 잔금 전날이나 당일에 고객부담금을 조회해 보기를 추천합니다.

채권은 은행 사이트에서 온라인으로 구입하거나 은행 영업 창구에서 구입 가능합니다. 주택도시기금(www.nhuf.molit.go.kr) 사이트에서 매입을 클릭하면 은행 사이트로 연결되며 본인이 계좌를 보유하고 있는 은행에서 구입하고 바로 매도하면 됩니다.

Q. 등기비용 - 인지세 관련 궁금증

A. 10억 이하 주택 구입 시 15만 원 입니다.

전자수입인지는 등기를 하기 위해 필수로 구입해야 합니다. 전자수입인지 사이트나 은행 창구에서 구입 가능합니다. 구입해야 하는 금액은 매매대금에 따라 달라집니다. 간혹 1억 미만 주택을 매수하는 데도 15만 원으로 인지세를 부과해 견적서를 보내는 경우도 있습니다. 고의라기보다는 실수라고 봐야겠죠. 어쨌거나 확인하지 못했다면 손해를 볼 수도 있는 상황입니다. 일을 의뢰할 때에도 알고 하는 것과, 모르고 하는 것은 큰 차이가 있습니다.

인터넷으로 인지를 구입하면 바로 출력이 가능합니다. 출력할 때 인지는 딱 한 번만 출력이 된다고 팝업으로 경고창이 뜹니다. 괜히 잘못 출력될까 봐 걱정이 됩니다. 저도 이면지에 출력되어 당황한 적이 있습니다. 이럴 때는 당황하지 말고 대표전화 1522-9510으로 문의하면 재출력이 가능하도록 조치해 줍니다.

● 전자수입인지 가격 ●

과세문서	세액	가격
1. 부동산·선박·항공기의 소유권 이전에 관한 증서	기재금액이 1천만 원 초과 3천만 원 이하인 경우	2만 원
	기재금액이 3천만 원 초과 5천만 원 이하인 경우	4만 원
	기재금액이 5천만 원 초과 1억 원 이하인 경우	7만 원
	기재금액이 1억 원 초과 10억 원 이하인 경우	15만 원
	기재금액이 10억 원을 초과하는 경우	35만 원

(출처: 전자수입인지, www.e-revenuestamp.or.kr)

Q. 등기비용 - 법무사 각종 대행수수료 관련 궁금증

A. 본격적으로 파헤쳐 봅니다.

법무사가 등기를 대행하고 받는 수수료는 보수료와 누진료로 기재되어 있습니다. 이 금액에 부가세 10%가 추가됩니다. 그 외에 항목은 모두 별도의 수수료입니다.

· 제증명 : 등기부 등본 떼 본 것
· 교통비 : 등기소까지 가는 데 든 교통비
· 제출대행 : 서류를 대신 제출한 비용

법무사에게 등기신청을 맡기면 당연히 교통비를 들여서 서류를 접수해야 하는 것 아닐까요? 이런 비용이 따로 청구되는 것을 보고 처음에는 조금 의아했습니다. 간혹 이 비용이 과하게 책정되는 경우도 있습니다. 법무통으로 견적 비교가 가능해지면서 추가 수수료를 과하게 책정하는 부분이 많이 줄었습니다. 제가 의뢰한 한 법무사는 일체의 추가 수수료가 없는 청정한 견적서를 보내서 깜짝 놀란 적도 있습니다.

수수료가 과도하게 청구된 것 같으면 정중하게 수수료 조정을 요청합니다. 조정이 가능한 부분은 해 줄 것이고, 안 된다고 하면 다른 법무사를 알아보면 되니까요. 그런 시간을 확보하기 위해 미리 견적서를 받아 볼 필요가 있습니다.

Q. 등기권리증은 언제 어떻게 받나요?

A. 우편으로 받을 수 있으며 인터넷등기소에서 확인 가능합니다.

법무사에게 등기를 맡겼다면 일주일 이내에 우편으로 배달됩니다. 계약서에 기재된 주소와 다른 곳으로 받고 싶다면 미리 법무사에게 받을 주소를 알려 줍니다. 간혹 누락될 가능성도 있으니 10일 이후에도 도착하지 않는다면 연락해 봅니다. 우편 배달이 늦어지더라도 인터넷등기소에서 소유권이전 사항을 확인할 수 있습니다. 신청 접수만 돼도 변경이 진행 중이라는 사항이 확인됩니다. 수수료를 내고 출력하지 않아도 조회가 가능합니다.

* 순서 : 인터넷등기소(www.iros.go.kr) → 부동산 등기 열람 → 주소 입력

Q. 집을 보유하고 있는 동안 내야 할 세금에는 어떤 것들이 있나요?

A. 재산세, 종합부동산세, 임대소득세 등이 있습니다.

재산세

주택분과 토지분으로 나눠 일 년에 두 번 7월, 9월에 고지됩니다. 일반적으로 아파트는 7월과 9월에 같은 금액이 나옵니다. 공시가격이 낮은 일부 주택은 재산세액이 7월에 딱 한 번 일괄로 부과되는 '연납' 제도가 적용되기도 합니다.

종합부동산세

부자 세금이라고 불리는 종합부동산세는 1인당 6억 공제(1주택자는 9억)가 있어 대부분의 사람들은 종부세 대상에서 제외됩니다. 하지만 서울 아파트 평균 가격이 10억을 넘어서면서 6억

(1주택자 9억)을 공제하고도 종합부동산세를 내야 하는 과세대상자들이 크게 늘었습니다. 공시가격 인상, 공정시장가액비율 인상 등으로 종합부동산세 부담은 점점 커졌고, 2021년 12월에 종합부동산세가 매우 많이 부과되었습니다. 2022년에는 더 많은 세금이 부과될 것으로 예상했으나, 정부가 바뀌며 종부세 완화 정책을 발표하면서 2021년과 비슷하거나 적은 수준으로 부과될 것으로 예상됩니다. 2023년부터는 종부세율을 정상화하겠다는 취지로 법안을 발의하였으나 국회 통과가 이루어져야 하는 사항이라 통과 여부에 관심을 가질 필요가 있습니다. 종합부동산세는 양도소득세처럼 팔고 나서 남은 수익에 대해 부과하는 세금이 아니라는 점에서 과세대상자들이 부담스러워 합니다. 당장 실현된 이익이 없음에도 세금 납부를 위해 현금을 마련해야 하기 때문에 여유 자금이 없는 상태에서 주택 수를 늘려 과세대상자가 되면 힘든 상황을 겪을 수도 있습니다.

임대소득세

임대를 주고 있는 주택이 3주택 이상이고, 보증금의 합이 3억 이상이면 임대소득세 과세대상자에 해당됩니다. 연간 2,000만 원까지는 분리과세가 되어 근로소득과 상관없이 세금이 부과되지만 2,000만 원 이상이면 근로소득과 합산되어 고율의 세금을 납부하게 됩니다. 분리과세 구간에 해당될 경우 실제 세금 부과액은 재산세나 종합부동산세에 비해 적게 느껴지는 수준입니다. 다만, 임대소득세는 자동으로 부과되는 게 아닌 자진 신고로 납부하는 세금입니다. 자신이 임대소득 신고 대상자에 해당하는 줄 모르고 신고 기간을 놓쳐서 불성실 신고로 불이익을 받을 수 있습니다. 임대소득세 신고 대상자에 해당되는지 잘 판단하고 5월 종합소득세 신고 기간을 놓치지 않아야 합니다.

부린이가 겪은 에피소드 모음

💬급매인 듯 급매 아닌 집을 안 보고 계약한 실수 _ 갓단열

2021년 초, 전주가 핫하다는 소식을 듣고 임장을 다녀왔습니다. 그날은 물건을 잡지 못했는데 한 달 후 당시 방문했던 소장님에게 전화가 옵니다.

"내가 총각 기억나서 특별히 먼저 연락했어요. 내가 물건 사 줬던 지인이 나한테만 급매로 내놨어요. 내부 상태도 좋고 잔금도 기니까 이거 꼭 하세요! 급매예요!"

처음에 소장님이 제시한 가격이 3억 6,000만 원, 네이버부동산에서 다른 매물들을 보니 3억 8,000만 원이었죠.

'오 대박 2,000만 원이나 싸다!'

거기서 800만 원을 더 깎아서 집도 안 보고 매수를 진행했습니다. 그렇게 몇 달을 보유하고 매도하려고 부동산에 시세대로 내놨는데 소장님이 그 가격에는 나가기 힘들 거라고 합니다.

"소장님, 네이버부동산에 있는 매물들도 다 그 가격인데 왜 안 나가죠?"

"그 매물은 비선호 타입이라 2,000~3,000만 원은 싸게 내놔야 해요."

아뿔싸! 매도할 때가 되어서야 알았죠. 제가 샀던 매물은 비선호 타입이었다는 것을! 부동산 소장님 말만 믿고 급매인 줄 알고 샀던 것이죠. 가격을 내려서 매도를 진행하는데 집을 보러 오는 사람은 많은데 계약이 안 돼서 소장님에게 다시 물었습니다.

"드레스룸에 곰팡이가 잔뜩 피어 있어서 그런가 봐요."

부린이 시절, 집도 안 보고 사면 멋있어 보였는데 그게 아니었습니다. 직접 보고 샀다면 곰팡이를 핑계로 몇 백만 원은 더 깎을 수도 있었는데. 급매인 줄 알고 비선호 타입을 신나서 샀던 기억, 집에 하자가 있는데도 그것도 모르고 집을 안 보고 계약했던 기억.

부린이 시절의 잊지 못할 실수담입니다.

💬 말로만 듣던 배액배상이 나에게도 _ 봄여름

2019년 겨울이었습니다. 2018년 9.13 대책으로 투자 심리가 위축되었다가 2019년 중반부터 다시 투자 심리가 슬슬 살아나고 있었어요. 당시 투자자들은 투기과열지역, 조정지역을 피해 비규제지역을 중심으로 투자했습니다. 제 눈에 들어온 지역도 이런 규제를 피해 많은 사람들이 관심을 갖기 시작한 곳이었습니다. 기존에 나왔던 매물이 금세 팔리고 남아 있는 매물 중에서 계약을 진행하려 해도 팔지 않겠다는 매물이 늘어 가던 급박한 시기였습니다. 다행히 매수하고자 하는 아파트의 매도인 계좌를 받았습니다. 가계약금으로 500만 원을 송금하고 계약서는 돌아오는 주말에 쓰기로 했습니다. 잔금까지 별일 없기를 바라는 마음이었는데 결국 계약서를 쓰기로 한 전날 저녁 소장님으로부터 연락이 왔습니다.

"어떡하죠? 매도자가 급한 일이 생겨서 내일 못 나오겠다네요. 계약을 미뤄야 할 것 같은데 괜찮으신가요?"

전날 이렇게 계약을 미루는 게 찝찝한 마음이 들었지만 사정이 있겠거니 하고 계약서 작성을 일주일 미뤘습니다. 그러고는 다시 약속된 계약서 작성 전날 밤이 되었습니다. 또 소장님에게 전화가 옵니다.

"지금 매도자가 저희 사무실로 오셔서 계약을 파기하겠다고 하시네요. 너무 막무가내로 우기셔서 곤란한 상황이에요."

밤늦은 시간이었음에도 매도자는 사무실 안에서 꼼짝하지 않고 자신의 집을 싸게 팔게 했다며 큰소리로 화를 내고 있었고, 소장님은 쩔쩔 매고 있는 상황이었습니다.

저도 당황스러웠지만 소장님이 제시한 가계약금 배액배상 방안을 받아들일 수밖에 없었습니다. 매도자의 변심으로 배액배상을 하는 경우가 종종 있다고는 들었지만, 제가 겪게 될지는 꿈에도 생각하지 못했죠.

생애 첫 배액배상을 받고 매수를 포기할 수도 있었지만 저는 그 지역에 꼭 투자하겠다는 생각에 다시 매물을 알아봤습니다. 그 사이

가격이 올랐지만 적당한 매물을 골라 다시 가계약금을 송금했습니다. 이번에는 지난번보다 가계약금을 많이 송금했습니다. 우여곡절 끝에 잔금을 치룬 이 아파트는 이후 풍선효과를 받으며 가격이 급등했습니다. 매물이 갑자기 소진되는 지역은 배액배상 가능성이 있으니 가계약금을 많이 넣어야 한다는 말만 누군가가 해 줬어도 이런 일을 겪지 않았을 수도 있습니다. 이제 이 책을 읽고 현장에 나가는 분들은 배액배상을 경험할 일도, 그래서 당황하는 일도 겪지 않기를 바랍니다.

💬 등기권리증 분실한 사람? 나야 나! _ 이참새

일 년 전에 투자한 물건을 매도하기 위해 잔금을 치르러 갔습니다. 중개인과 소통이 잘 된 상태고, 매도도 처음이 아닌지라 가벼운 마음으로 집을 나섰습니다. 매도하기 위해 간 곳은 KTX로 3시간이 넘게 걸리는 지역이었기에 아침 일찍 시간 맞춰 기차에 올랐습니다. 매수인이 도착하고 서류를 확인하던 중 매도인(나)이 반드시 가져와야 할 등기권리증을 챙겨 오지 않은 걸 알게 됐습니다. 잔금 후 등기를 접수하기 위해 법무사가 와 있는 상태라 등기권리증이 없으면 당일에 등기를 접수할 수 없는 상황이었습니다. 다행히 법무사가 당일 4시 전까지만 등기권리증 앞면을 찍어서 보내 주면 소유권이전등기를 접수할 수 있다고 알려 주었습니다. 바로 기차역으로 달려가 헐레벌떡 집으로 돌아와 등기권리증을 찍어 법무사에게 보냈습니다. 기차에서 발을 동동 구르며 달려왔는데 이 책을 읽고 그렇게까지 하지 않아도 된다는 것을 알게 되었습니다. 법무사가 융통성을 발휘했다고 생각했는데 그것도 아니었음을 이 책을 통해 알게 되었습니다. 소유권이전등기에 필요한 것은 등기권리증 종이 자체가 아니었습니다. 등기권리증 앞면에 스티커로 봉인되어 있는 일련번호만 알면 됩니다. 책에서 말한 것처럼 등기소에 동행하면 등기권리증 없이도 소유권이전등기를 접수할 수 있었습니다. 아마도 법무사는 저와 동행하는 것보다 그냥 사진으로 일련번호를 받길 원했던 모양입니다. 그날 이후 저는 등기권리증 앞면을 촬영해 휴대전화에 보관하고 있습니다. 혹시나 평소 서류를 잘 챙기지 못해 불안한 분들이라면 저처럼 등기권리증 앞면을 촬영해 가지고 다니는 것을 추천합니다. 또 등기소가 가깝고 시간적 여유가 되면 직접 방문해서 해결할 수 있다는 점도 알아 두는 게 좋습니다. 초보가 겪을 수 있는 다양한 상황에 대한 해법을 명쾌하게 알려 주는 책이 나와서 든든합니다.

💬 입주장을 미리 대비해야 하는 이유 - 엘스북퀸

2019년 아파트를 한 채 분양 받습니다. 실거주가 어려운 상황이라 입주 시기에 맞춰 임대를 놓기로 결정했습니다. 입주장은 임대 매물이 쏟아져 임대 맞추기도 힘들고 전세가도 떨어지니 미리 준비해야 한다는 말을 듣긴 했지만 막상 현실로 닥치니 머리가 멍해졌습니다. 때마침 뉴스에서는 해당 지역에 전세난이 심각해지고 있다는 긍정적인 기사가 보도되었고, '그럼 어떻게든 되겠지'라며 잠시 골치 아픈 결정을 미뤄 두었습니다.

결정을 미루는 동안 사전점검기간이 다가왔고 입주가 시작되었습니다. 듣던 대로 사전점검 이후 전월세 매물이 쏟아지기 시작했고, 그제서야 부랴부랴 매물을 내놨지만 입주지정기간이 끝나는 날까지 세입자를 찾지 못했습니다. 잔금에 대한 이자만 부담하고 조금만 버티면 전세금을 올려 받을 수 있을 거란 기대감을 갖고 기다리던 중에 생각지도 못한 납부 독촉을 받게 됩니다. 이 책에 나오는 대로 잔금이 아니라 그간의 중도금, 옵션에 대한 이자 등등 꽤 많은 금액을 추가로 부담해야 한다는 것을 그제서야 알게 되었습니다. 중도금대출에 대한 이자는 입주지정일 시작 이후부터 은행으로 매월 직접 납부해야 하기에 부담이 더 컸습니다. 게다가 잔금은 3개월의 여유 기간이 있지만, 중도금대출 만기는 2개월 밖에 남지 않았고 연장도 불가했습니다. 중도금대출 만기 전에 세입자를 구하지 못하면 분양가의 60% 되는 금액을 2개월 내에 마련해야 했습니다. 그 사실을 알고부터 매일 새벽 한 시간에 한 번씩 잠에서 깰 정도로 초조했습니다. 지금 생각해도 아찔합니다. 당시에 알았더라면 잔금 연체를 만만하게 보지 않고 미리미리 준비하지 않았을까 하는 생각이 듭니다.

💬 매수 후 임차인을 구해야 한다면 잔금일은 넉넉하게! –

타이니티거

투자 목적으로 집을 매수할 때 반드시 물어야 하는 질문이 있습니다.

"소장님, 현재 나온 전세 매물은 몇 개나 되나요?"

"소장님, 지금 전세가 부족한 편인가요? 아님 매물이 잘 안 나가는 상황인가요?"

지역 분석을 잘했다면 예상되는 대답은 이렇습니다.

"지금 전세 나온 것도 몇 개 없어서 전세 내놓으면 잔금 전에 당연히 나갑니다."

중개인의 말만 믿고 잔금일을 촉박하게 잡았다가 임차인을 찾느라 고생한 경험이 떠오릅니다. 제가 매수 계약을 할 때만 해도 소장님의 말씀대로 전세 매물이 몇 개 없어서 금방 임차인을 구할 수 있었습니다. 하지만 투자자들이 일시에 몰려 전세 매물이 쏟아져 나왔습니다. 지방 소도시의 경우 이사철(통상 9~10월, 1~2월)을 제외하고는 전세 수요가 별로 없는 지역도 있는데 그 지역이 그런 곳이었습니다. 이런 사정을 모른 채 잔금일을 촉박하게 잡았다가 잔금 전까지 신경쇠약으로 인한 탈모를 경험했습니다. 그렇다고 해서 투자할 때마다 이사 철에 맞춰 임대차 날짜를 세팅할 수는 없는 노릇이었습니다. 주위에 조언을 구해 최대한 많은 부동산에 매물을 내놓았습니다. 10개 부동산에 전세를 내놓고, 그래도 나가지 않자 추가로 10곳에 매물을 의뢰했습니다. 마침 공실이었기에 집을 깨끗이 청소하고, 디퓨져와 슬리퍼를 갖다 놓으며 임차인을 맞을 준비를 했습니다. 결국 임차인을 어렵게 구했지만 다시는 경험하고 싶지 않은 기억입니다.

이 책을 읽어 보니 제가 경험을 통해 하나하나 배워 나간 꿀팁들이 가득합니다. 《부린이가 가장 궁금한 질문 TOP99》는 여러분이 겪게 될 시행착오를 줄여 줄 것으로 기대합니다.

PART 4

전 · 월세 계약 관련한
임대차 부린이 질문 14가지

: 임대인 VS 임차인

Q. 근저당(대출)이 있는 집에 임대로 들어가도 될까요?

A. 집값과 대출 금액을 보고 판단합니다.

주택담보대출이 있다고 해서 모든 집이 위험한 상태는 아닙니다. 집값이 크게 오르면서 잔금대출과 같은 선대출이 남아 있는 집들이 많아졌습니다. 물론 대출이 하나도 없는 집이면 고민할 것도 없습니다. 대출이 없는 집부터 계약이 이뤄지는 것은 당연합니다. 하지만 임대 매물이 별로 없는 상태라면 대출이 있는 집 중에서 선택해야 할 수도 있습니다. 이때는 집값 대비 대출 금액을 계산하여 선택합니다.

특히 월세는 보증금이 매우 적습니다. 집주인이 월세로 임차인을 구하는 이유는 매달 들어오는 월세 수익이 필요해서도 있지만, 대출 금액이 커서 전세 계약이 힘들 것으로 예상돼서 입니다. 중개인이나 임대인들의 하소연을 들어 보면 임차인들이 월세를 구할 때 집에 담보대출이 있으면 불안하다며 계약을 꺼려 한다고 합니다. 최소한 이 글을 읽은 분들은 어디 가서 세상 물정 모르는 사람이라는 소리는 듣지 않을 수 있습니다.

집값 대비 근저당이 어느 정도면 계약해도 안전할까요?

(예시)

실거래가 : 10억(호가 아니고 실거래가를 확인합니다.)

전세가 : 7억

등기부상 근저당 : 1억 2,000만 원

근저당이 1억 2,000만 원이라는 것은 실제 대출은 1억 정도라고 생각하면 됩니다. 은행에서는 이자가 연체될 가능성까지 감안해 근저당을 높게 설정합니다. 대체로 대출 금액의 110~120%를 설정합니다. 전세금 7억에 대출 1억이면 총 8억입니다. 집값이 10억이라면 안전할까요? 별로 안전하지 못합니다. 만약 대출금을 갚지 못해 경매로 넘어간다면 감정가가 시세대로 책정된다 해도 낙찰금액이 80%는 되어야 전세금이 안전합니다. 1%라도 낙찰가가 내려가면 전세금 손해가 발생하는 상황입니다. 부동산 시장이 호황일 때는 낙찰가가 100%를 넘어 110% 이상까지도 치솟지만 부동산 시장이 좋지 않을 때는 80% 이하로 낙찰되는 경우도 종종 발생합니다. 전세가가 집값의 60~70%에 육박하는 상황에서는 근저당이 조금이라도 있는 집에는 전세로 들어가는 것은 위험할 수 있습니다.

만약 이 집에 월세 계약을 한다면요? 월세라면 위험 부담이 거의 없습니다. 혹시나 불안하다면 보증금을 더 낮추고 월세를 더 높이는 쪽으로 조정해 계약을 진행해도 됩니다.

Q. 깡통전세를 주의하라고 하던데요?

A. 주의해야 합니다.

깡통전세란 매매가 대비 전세보증금이 높은 경우입니다. 집주인이 자금 사정이 어려워 집이 경매로 넘어가게 되면 임차인에게 가장 큰 고민은 임대보증금을 온전히 돌려받을 수 있을까 하는 부분입니다. 경매낙찰가가 정해지는 원리를 제대로 이해하면 깡통전세 계약을 피할 수 있습니다.

경매가 결정되면 감정가를 책정합니다. 감정가는 최저경매가가 되며 시세대로 감정가가 책정되는 것이 매우 중요합니다. 만약 시세대로 감정이 이루어졌고 1차에 낙찰되면 임대차보증금을 날릴 위험도 없어집니다.(물론 대항력이 있는 경우에 한함) 부동산 시장이 호황기일 때는 감정가를 넘어 110-120%로 낙찰되니 더욱 안전합니다.

 사실 부동산 시장이 호황기일 때는 경매로 잘 넘어가지도 않습니다. 경매로 넘어가기 전에 매도해서 대출금을 상환할 수 있기 때문입니다. 문제는 부동산 시장이 불황기일 때 발생합니다. 당장 자금이 필요하다 해도 부동산은 쉽게 현금화하기 힘든 자산입니다. 매도를 하지 못해 대출금을 상환하지 못하면 결국 경매로 넘어가게 됩니다. 이런 경우 낙찰가도 감정가에서 많이 내려갑니다. 이때부터 임대보증금 회수에 경고등이 켜집니다.

 1차에 유찰되면 두 번째 경매가 진행될 때는 최저경매가격이 감정가에서 10~20% 깎여(저감) 진행됩니다. 만약 전세가가 시세의 80% 이상이었다면 2차에 최저가로 낙찰되면 전세금을 온전히 돌려받지 못하는 상황이 발생합니다. 이런 이유로 전세가가 높은 집이라면 근저당이 조금이라도 있는 집은 계약하지 말라고 조언합니다.

 사람들이 잠시 머물다 가는 성향이 짙은 지역에서는 매매가 대비 전세가가 매우 높은 집들이 있습니다. 특히 신축 빌라는 매매가와 전세가의 차이가 거의 없는 곳도 많습니다. 이런 경우 집에 근저당이 하나도 없으니 전세보증금은 100% 안전할 것이라는 안이한 생각으로 임대계약을 했다가 뉴스에 나오는 깡통전세 피해자가 될 수도 있습니다.

Q. 임대차계약 시 꼭 넣어야 하는 특약사항이 있나요?

A. 네, 임대차계약 시 특약사항은 매우 중요합니다.

매매보다는 임대계약을 할 때 특약 작성이 더욱 중요합니다. 임대인(집주인)과 임차인 모두에게 도움이 되는 특약사항 몇 가지를 알려 드리겠습니다.

집주인 입장

하나, 원상복구 특약

집주인 입장에서 가장 속상한 일은 임대인이 너무 험하게 살아서 집이 망가지는 경우입니다. 망가지는 것과 자연 마모의 기준은 사실 모호합니다. 하지만 분명하게 손상된 부분이 드러

난다면 원상복구를 요구할 수 있습니다. 특약에 기재하지 않아도 관례상 통용되는 부분이긴 하지만 특약에 기재해 놓으면 임차인이 좀 더 주의를 기울이는 효과가 있습니다.

벽지, 페인트, 장판은 새로운 임차인을 들일 때마다 새로 한다고 생각하면 마음이 편합니다. 요즘은 깨끗하지 않은 집은 임차인을 들이기 힘들기 때문에 세입자가 들어올 때마다 하는 경우가 많습니다. 다만 마루는 물 관리를 제대로 하지 못하면 썩어서 크게 손상되기도 합니다. 마루는 장판과 달라 교체 비용이 많이 들기 때문에 원상복구나 수리 비용 문제로 분쟁이 많이 발생합니다.

둘, 반려동물 관련 특약

임대차계약 시 가장 민감하게 여겨지는 부분이 반려동물에 관한 내용입니다. 일부 집주인은 세입자를 구할 때부터 반려동물을 키우는 사람은 받지 않겠다고 선을 긋기도 합니다. 반려동물이 있는 사람들에게는 가혹하다고 할 수 있겠지만 반려동물로 인해 집이 손상되는 것을 막고 싶은 집주인의 마음도 충분히 공감되는 부분입니다.

집을 구하기 힘들어 계약 당시에는 반려동물을 키우지 않는다고 했다가 입주 후 키우는 것을 알게 되면 분쟁의 소지가 생길 수 있습니다. 계약 당시에는 키우지 않았지만 추후에 키우게 됐다면 집주인에게 먼저 양해를 구하는 것이 좋습니다. 집주인이 불편해 한다면 반려동물로 인한 훼손에 적극적으로 보상하겠다는 의사를 보여 주면 원만히 해결될 것입니다.

임차인 입장

임차인이 요구하는 특약은 딱히 없습니다. 만약 계약 전에 수리해 주기로 합의했다면 다음과 같은 문구를 계약서에 기재합니다.

'입주 전 도배, 장판, 페인트, 신발장은 임대인이 교체해 주기로 한다.'

Q. 전입신고 & 확정일자 & 임대차계약신고

A. 주민센터 방문으로 한 번에 가능합니다.

임대차계약이란 보증금을 담보로 해당 주택을 빌려서 사용하는 것을 말합니다. 보증금은 2년 뒤 계약만료가 되면 반환 받는 금액입니다. 당연히 반환될 거라고 생각하지만 예상대로 되지 않는 게 인생입니다. 내가 잘못한 것이 없는데 집주인의 잘못으로 내 돈을 보호 받지 못한다면 너무나 억울한 일입니다. 내가 맡긴 보증금을 보호하는 가장 쉽고 좋은 방법이 바로 전입신고입니다.

전입신고는 계약서를 들고 주민센터에 방문하기만 하면 됩니다. 꼭 입주 당일 날 해야 하는 것은 아닙니다. 하지만 하루라도 빨리 하는 것이 좋기에 당일에 신고하기를 권합니다. 주민센터에서 신고하는 항목은 총 3가지입니다. 한 번에 편리하게 처리할 수 있습니다.

하나, 확정일자

전세계약서만 들고 가면 바로 부여됩니다.

둘, 임대차계약신고

임대차계약신고 의무 제도는 이미 시행 중입니다. 다만 2023년 상반기까지 유예기간입니다. 유예기간 이후 신고하지 않은 계약 건에 대해서는 건당 100만 원의 과태료가 부과됩니다. 임대차계약신고는 임대인, 임차인, 중개인 모두 할 수 있습니다. 임차인이 전입신고나 확정일자를 받기 위해 주민센터를 한 번은 방문해야 하기 때문에 계약 시 임차인에게 임대차계약신고를 부탁하면 번거로움을 줄일 수 있습니다.

셋, 전입신고

주소를 이사하는 곳으로 옮기는 것입니다. 다만 개인적인 사정으로 당장 주소를 옮기지 못하는 경우도 있습니다. 그런데 경매에서 자신의 보증금을 지킬 수 있는 대항력이 있어야 합니다. 대항력이란 경매가 진행될 경우 다른 채무자보다 우선해서 보증금을 돌려받을 수 있는 권리를 말합니다. 전세금을 지키기 위해서는 반드시 대항력을 갖춰야 합니다. 대항력은 확정일자만 받아서는 생기지 않으며, 반드시 전입신고가 되어야 합니다.

부득이한 사정으로 전입신고가 불가능하다면 전세권 설정이라는 차선책을 활용하여 대항력을 확보해야 합니다. 전세권 설정에는 수십만 원(보증금에 따라 차등)이 소요되므로 같은 효력을 지닌 전입신고와 확정일자를 받는 것을 추천합니다.

Q. 전세권 설정은 어떤 경우에 하나요?

A. 집주인의 동의가 필요하므로 계약 전에 고지해야 합니다.

당장 전입신고가 불가능한 경우 전세권 설정을 할 수 있습니다. 근저당을 잡으면 등기부에 기록되는 것처럼 전세권도 등기부에 기록됩니다. 법적으로 소유권을 제한하는 행위인 만큼 집주인의 동의가 반드시 필요합니다. 간혹 전세권 설정을 하겠다고 하면 계약하지 않겠다는 임대인도 있기 때문에 반드시 계약 전에 고지하고 동의를 받는 것이 필요합니다. 전세권 설정은 법무사가 진행하며 보증금에 따라 설정비와 수수료를 부담해야 합니다. 잔금 시 소유권이전등기를 의뢰한 법무사에게 같이 요청하면 편리합니다.

Q. 전세자금대출을 받으려면 집주인에게 미리 알려야 하나요?

A. 집주인의 협조가 필요하므로 계약 전에 고지해야 합니다.

전세자금대출이 보편화되면서 지금은 임차인이 전세자금대출을 받는 것을 불편하게 생각하는 임대인은 거의 없습니다. 하지만 연로하신 분들 중에는 대출이라고 하면 거부감을 보이는 분들이 많기 때문에 거절할 수도 있습니다. 따라서 계약 전 전세자금대출을 받을 수도 있다는 점을 미리 고지하고 계약을 진행하는 것이 좋습니다.

은행에서 집주인에게 전화해 동의 여부를 확인하는 정도로 끝나는 곳도 있지만, 자필 사인을 받으러 오라고 하거나, 집으로 내용증명 서류가 발송되기도 합니다. 자필 사인도 찝찝하고 내용증명도 무시무시하게 느껴지는 사람도 있을 수 있습니다. 전세 매물이 많아서 임차인이 잘 안 구해지는 상황이 아니라면 굳이 대출에 협조해야 하는 사람을 임차인으로 받지 않겠다고 할 수도 있습니다.

전세권 설정과 마찬가지로 전세자금대출을 신청해야 한다면 계약 전에 미리 고지한 후 동의를 받고 계약을 진행합니다.

Q. 임대인(집주인)이 통보도 없이 바뀔 수도 있나요?

A. 네, 가능합니다.

임차인이 입주하고 나면 임대계약 기간 동안 특별히 임대인과 연락할 일이 없습니다. 큰 고장이나 불편함이 없다면 말입니다. 계약 기간이 만료될 즈음 집주인과 연락을 시도하게 되는데 이때 집주인이 바뀐 것을 알고 당황할 수 있습니다. 가끔 지역 카페에 올라오는 글을 보면 "어떻게 통보도 없이 집주인이 바뀔 수 있냐, 집을 팔면 알려 줘야 하는 것 아니냐"라고 하소연하기도 합니다.

법적으로 매도 여부를 임차인에게 알려야 할 의무는 없습니다. 집도 안 보여 줬는데 어떻게 팔 수 있었는지 의문이 들 수도 있습니다. 임대인 입장에서는 임대 기간이 많이 남았는데 임차

인에게 집을 보여 줄 것을 부탁하기 어려워 일부러 그런 조건
으로 매도하기도 합니다. 당황스럽겠지만 계약서에 기재된 기
존 집주인에게 연락하면 새로운 임대인의 연락처를 알려 줄 것
입니다. 바뀐 임대인은 임대계약 기간을 인지하고 있으므로 크
게 불편함은 없습니다. 처음 겪으면 당황할 수 있으나 사는 동
안 충분히 일어날 수 있는 일입니다.

Q. 임대인(집주인)이 바뀌었는데 새로 계약서를 작성해야 하나요?

A. 아니요.

· 임차인 : "집주인이 바뀌었는데 새로 계약서를 작성해야 할까 요?"

· 임대인 : "전세를 낀 채 매매했는데 임차인과 새로 계약서를 작성해야 할까요?"

같은 질문입니다. 특별히 바뀐 계약서를 요구하는 곳이 없다면 작성하지 않아도 됩니다. 바뀐 계약서를 요구하는 곳이 있다면 전세자금대출을 받은 은행 정도에 해당됩니다. 그런 요구가 없 다면 매매 시 임대차계약까지 포괄양수 하는 조건으로 계약이 진행되는 만큼 굳이 새로 작성할 필요는 없습니다.

Q. 전세계약 기간을 2년이 아닌 1년으로 해도 되나요?

A. 네, 가능합니다.

임대차보호법은 임대인보다 '임차인'의 권리보호를 우선하는 법입니다. 일반적으로 임대차계약은 2년입니다. 하지만 임차인이 1년 계약을 요구하면 그것도 가능합니다. 또한 1년 계약을 했지만 2년을 살겠다고 요구하면 2년까지 계약 기간이 인정됩니다.

반면 임대인은 1년 계약을 요구하면 안 됩니다. 임차인의 요구로 1년 계약을 했더라도 이후 1년을 더 살겠다고 하면 허락해야 합니다. 지극히 임차인의 권리를 강조한 규정입니다.

1년과 2년 계약의 차이는 계약 기간 만료로 이사를 나갈 때

발생합니다. 통상적으로 2년짜리 계약서를 작성했는데 1년 만살고 이사 나가야 할 일이 생겼다면 새로운 임차인을 구할 때발생하는 중개수수료를 임차인이 부담해야 합니다. 또한 집주인은 계약 기간인 2년이 될 때까지 보증금을 반환할 의무가 없기 때문에 새로운 임차인을 구해 보증금을 반환 받고 나가는것도 임차인의 몫입니다. 따라서 새로운 임차인을 구하지 못해발을 동동 구르게 되는 경우도 있습니다. 직업의 특성상 잦은인사이동으로 1년 안에 이사를 갈 수 있는 상황이라면 1년 계약을 고려해 보는 것도 좋습니다.

Q. 집에 구멍을 뚫고 설치할 일이 있다면 임대인에게 알려야 하나요?

A. 네, 알려야 합니다.

살면서 집에 구멍을 내야 할 일은 크게 네 가지가 있습니다.

· 벽걸이 TV 설치

· 에어컨 구멍 내기

· 싱크대 정수기 설치

· 벽에 못 박기 등

임대를 할 경우 계약서에도 기재되어 있듯 계약만료 후 원상복구가 원칙입니다. 구멍을 내야 하는 시공은 사실상 원상복구가 불가능하기 때문에 집주인의 동의가 필요한 부분이 맞습니다. 대부분은 계약 시에 다음과 같은 문구를 넣어 협의합니다.

'가능하면 구멍을 내지 않는 게 좋지만 꼭 해야 한다면 퇴거 시 구멍을 막는 조치를 한다.'

Q. 임차인은 어느 정도까지 수리를 요구할 수 있나요?

A. 시설은 임대인이, 소모품은 임차인이 수리합니다.

살다 보면 고장 나서 망가지는 부분은 필연적으로 발생합니다. 수리할 부분이 생기면 당연히 비용이 발생하기 때문에 누가 비용을 부담해야 하는지 분쟁이 생길 수 있습니다.

이런 경우 '상식'선에서 생각해 보자고 조언합니다.

1. 전구나 전등

전구 알이 나갔다면 – 임차인

안정기가 나가서 등 전체를 교체해야 한다면 – 임대인

2. 보일러

보일러가 노후돼서 교체가 필요하면 당연히 임대인이 교체해야 합니다. 문제는 AS로 해결되어 부품비와 출장비가 발생하는 경우입니다.

수리비를 누가 부담해야 할지 애매할 때는 어떻게 하면 좋을까요? 먼저 고장 난 부분의 사진을 찍어 임대인에게 전송하고 어떻게 하면 좋을지 의견을 묻습니다. 수리비를 누가 부담할지 정한 후에 수리를 진행하는 것이 가장 좋습니다. 누가 부담할지 애매하다면 서로 양보해서 반반씩 부담하자고 제안하는 것도 좋습니다.

임대인 입장에서 가장 당황스러운 때는 임차인이 말도 없이 수리하고, 계좌번호를 보내며 비용을 송금하라고 하는 경우입니다. 당연히 임대인이 고쳐야 할 부분이라고 할지라도 당황할 수 있습니다. 임대인이 알아보니 관리사무소에서 비용 없이 수리가 가능한 부분이었다거나, 생각한 것보다 높은 사양으로 교체가 이뤄져 비용 부담이 크다면 분쟁이 발생할 수 있습니다. 따라서 독단적으로 판단하기보다는 임대인과 먼저 상의하고 처리하는 게 현명합니다.

어느 날 임차인이 수리해야 할 부분이 생겼다고 제게 연락을 해 온 적이 있습니다. 저는 당연히 출장기사를 불러 수리하고 비용을 청구하라고 말했습니다. 잠시 후 임차인은 부품만 구입해 주면 본인이 직접 수리하겠다고 연락이 왔습니다. 남의 돈도 소중하게 생각하는 임차인의 마음에 감동하여 부품비와 함께 기프티콘도 보냈던 기억이 납니다.

Q. 전셋집이지만 신혼이라 인테리어를 예쁘게 하고 싶어요.

A. 적당한 선에서 가성비 인테리어를 추천합니다.

"비록 전셋집이지만 신혼생활 시작인데 돈이 좀 들더라도 예쁘게 꾸미고 싶어요."

"그 집은 잠시 빌려서 거주하는 집일 뿐 내 집이 아닙니다. 내집처럼 깨끗이 관리하며 사는 건 좋은 태도지만 남의 집에 과한 투자는 하지 마세요."

임대인들이 가장 선호하는 임차인 유형 중 하나가 바로 신혼부부입니다. 새로 임대를 놓으면 대체로 도배, 장판, 페인트 정도는 임대인이 해 주는 경우가 많습니다. 임대인이 해 주면 좋지만 상황이 여의치 않을 경우 이 정도의 인테리어 투자는 팬 않습니다.

문제는 너무 과한 인테리어 욕심입니다. 신혼부부는 아직 내가 사는 집이 남의 소유라는 것이 무슨 의미인지 크게 인식하지 못합니다. 2년 뒤에 이사를 나가야 할지도 모르지만 거기까지 생각하지 못합니다. 게다가 양가 부모님들이 이사 전에 한 번씩 들러서 필요한 것들을 해 주시기도 합니다. 신발장을 새로 교체해 주거나, 통 크게 화장실 수리를 해 주는 분들도 있습니다. 임대인 입장에서는 무한 감사할 따름입니다.

최소 2년은 살 집이니 깨끗하게 정비하는 정도면 충분합니다. 그 집에 평생 살 것처럼 맞춤으로 가구를 장만하는 것도 후회하는 일 중에 하나입니다. 아이가 커 가면서 신혼 때 장만한 가구들은 아이 짐에 밀려 금세 애물단지가 됩니다. 몇 번 이사라도 하게 되면 여기저기 찍히고 상하는 것은 당연합니다. 그러니 신혼살림은 적당히 예쁘고, 적당히 비싼 것으로 가성비를 잘 고려해서 마련하는 게 좋습니다. 특히 전셋집 인테리어 비용은 고스란히 없어지는 소모적인 지출이라는 것을 꼭 기억해야 합니다.

살면서 바꾸고 싶은 곳이 있으면 부부가 조금씩 꾸며 가면서 알콩달콩 신혼을 보내세요. 조금 불편하고 마음에 안 차겠지만 그럴수록 빨리 내 집으로 이사 가야겠다고 마음먹어야 합니다. 예쁜 남의 집에 오래 살 생각보다 어서 빨리 내 집을 마련해 이사 갈 생각을 하는 게 맞습니다.

Q. 계약 기간 만료 전에 이사를 해야 할 것 같아요.

A. 빠른 고지가 중요합니다.

가장 먼저 임대인에게 통보합니다. 임대인으로서 가장 우려되는 전화가 바로 이런 경우입니다. 전세금이 오른 상황이면 반가울 수도 있지만 전세가 잘 나갈지 여부가 중요한 문제라 갑작스런 이사 전화는 그리 반가운 연락은 아닙니다. 부동산에 집을 내놓기 전에 임대인이 새로운 전셋값을 결정해야 하므로 빨리 통보할수록 좋습니다.

임대인이 새로운 임대료를 빨리 정하지 못하면 부동산중개소에 연락해 상황을 이야기하고 집주인과 통화해 달라고 부탁해도 됩니다. 아무래도 중개인과 통화하면 집주인도 시세 파악이 쉽고, 임대 수요를 파악하는 데 용이해 빠르게 결정할 수 있습니다. 새로운 임차인을 구하고 이사 들어오기까지 최소 2~3개월 정도 소요되기 때문에 급한 경우라면 더더욱 임대인의 협조가 필요합니다.

임대인은 새로운 임대료를 결정해야 합니다. 시세가 올랐다면 번거롭지만 반가운 일입니다. 하지만 시세대로 혹은 욕심을 내서 전세금을 올려 받겠다고 하면 임차인을 찾기 어려워집니다. 사실 임대인은 계약 기간 만료 전에 임대료를 내 줄 의무가 없기 때문에 시세대로 임대를 맞추겠다고 고집해도 임차인은 어쩔 수 없는 상황입니다. 날짜가 임박해질수록 임대료를 받고 이사 가야 하는 임차인이 더 애가 타는 상황이 됩니다.

임차인의 사정이 급하다면 2~3주 정도 지켜보다가 임대인에게 보증금을 내려 줄 것을 정중하게 부탁합니다. 이럴 때 중개인에게 설득을 부탁하면 집주인이 수긍할 가능성이 조금 더 높습니다.

계약 기간 만료 전(묵시적 갱신이나 갱신청구권에 의한 갱신이 아닌 경우) 이사하는 경우라면 중개수수료는 임차인이 부담해야 합니다. 다만 현 보증금이 2억인데 새로운 세입자에게 3억에 임대를 놓는다면 2억에 대한 수수료는 현 임차인이, 1억에 대한 수수료는 임대인이 부담합니다.

Q. 갱신 VS 묵시적 갱신 VS 계약갱신청구권

A. 차이점을 알고 있어야 합니다.

모두 임대차계약 기간을 연장하는 방법이지만 조금씩 다른 점이 있습니다. 차이점을 정확히 알고 본인에게 가장 유리한 것을 선택합니다.

갱신

살던 집에 계속해서 임대차계약을 이어 나가되 임대료를 시세에 맞춰 조정하는 계약입니다. 갱신 시점에 따라 임대료가 많이 오를 수도 있고 오히려 내릴 수도 있습니다. 임대료 조정이 이뤄지면 반드시 계약서를 다시 작성하고 확정일자도 다시 받아야 합니다. 시세가 변하지 않아 임대료 변동이 없다면 기존 계약서에 날짜만 변경하고 도장을 찍는 것으로 마무리할 수도 있으나 묵시적 갱신이 아님을 나타내기 위해 계약서를 다시 작성하는 것도 좋습니다.

묵시적 갱신

살던 집에 계속해서 같은 임대료로 거주하는 계약입니다. 임대 기간 만료 후에 임차인이나 임대인 모두 계약에 대한 구체적인 협의 없이 암묵적으로 계속 사는 경우에 해당합니다. 임대료 조정도 없고, 계약서도 다시 작성하지 않습니다.

묵시적 갱신은 임대인에게 매우 불리합니다. 묵시적으로 계약이 갱신되고 임차인이 2년 더 사는 걸로 마음 편히 있었는데 어느 날 갑자기 임차인이 이사를 나가겠다고 통보합니다. 임대인은 2년 후에 계약금을 내 줄 수 있다고 말하겠지만 법적으로 그 계약 기간은 인정되지 않습니다. 임대인은 임차인의 통보 후 3개월 안에 보증금을 반환해야 할 의무가 생깁니다. 따라서 계약 조건에 변동 없이 계약을 연장하더라도 연장 의사를 확인하고 묵시적 갱신이 아님을 확실히 고지하는 것이 중요합니다.

계약갱신청구권

2020년에 새롭게 만들어진 임대차법으로 갱신계약 규정입니다. 부동산 가격 상승이 이어지면서 전세가도 크게 오르자 서민 주거 안정이라는 명목으로 만들어졌습니다. 2년 계약 기간 만료 후 임차인이 요구하면 2년을 더 살 수 있도록 보장하는 법입니다. 집주인이 실거주하는 경우가 아니라면 무조건 연장 요청을 들어줘야 합니다. 갱신계약 시 5% 이내에서 인상이 가능하지만 이 또한 합의에 의해 가능하고 임차인이 거절하면 5% 인상마저도 안 되는 경우도 있습니다. 묵시적 갱신과 마찬가지로 갱신청구권을 사용해 2년 연장한 계약이라 하더라도 계약 기간 만료 전에 임차인이 나가겠다고 요구하면 3개월 내 보증금을 반환해야 하며, 중개수수료도 임대인이 부담해야 합니다. 임대인의 재산권을 현저히 침해하고 전세값을 급등시키는 부작용이 있더라도 중요한 것은 현재 임대차계약에 적용되고 있다는 점입니다. 임대인의 입장에서는 반드시 계약서를 재작성하고 갱신청구권을 사용하였음을 명시하는 것이 필요합니다.

부린이가 겪은 에피소드 모음

💬 부린이 생애 최초 전세 놓은 이야기 - 쟈스민

저는 2019년에 내 집을 마련한 부린이입니다. 첫 집은 청약에 당첨되었는데 복잡한 청약제도로 인해 청약 고시라는 얘기가 나오던 시기였습니다. 당첨되겠다는 굳은 다짐으로 열심히 공부했습니다. 내 집 마련을 하고 나니 부동산을 매수하는 것이 그동안은 왜 그렇게 어려웠나 싶은 생각이 들었습니다. 어렵다는 장벽이 무너지자 그동안 보이지 않던 기회가 보이기 시작했습니다. 그렇게 홀린 듯이 수도권에 한 채를 추가로 분양 받았습니다. 중도금대출만 나온다면 분양대금의 10%만 투자해 새 아파트를 가질 수 있으니 너무 쉬운 투자로 보였습니다. 분양 받은 아파트의 입주시기가 되자 남들보다 빨리 전세를 빼야겠다는 생각에 부동산 20~30곳에 매물을 의뢰했습니다. 최저가로 내놓으니 금방 신혼부부가 계약을 하자고 합니다. 신혼부부는 전세대출을 받는다며 양해를 구했고, 저렴한 전세가에 연신 감사 인사를 했습니다. 부동산 투자를 시작하고 처음으로 임대를 주는 것인데 스스로 잘했다고 칭찬하며 내심 뿌듯했습니다.

하지만 입주가 한 달도 채 남지 않은 시점에 예상치 못한 일이 생겼습니다. 세상 물정도 모를 것 같던 신혼부부는 저의 예상과 달리 분양권을 여러 개 가진 다주택자였고, 전세자금대출이 나오지 않아 입주가 힘들다는 것이었습니다. 분양권은 주택 수에 안 들어가니 당연히 전세자금대출이 나올 거라고 생각했던 것입니다. 다행히 계약자를 변경하여 무사히 임대를 마무리할 수 있었지만 계약서를 다시 작성하고 집으로 돌아오는 길에 기진맥진했던 기억이 아직도 생생합니다.

PART 5

집을 한 번도 안 팔아 본
매도 부린이 질문 6가지

: 본격적인 수익 실현 과정에서 궁금한 점

Q. 적당한 매도 금액을 정하는 데 참고할 만한 기준이 있을까요?

A. 실거래가와 매물 호가를 참고하여 결정합니다.

집을 얼마에 팔지는 무조건 임대인 마음입니다. 이런저런 사정으로 매도를 결심했지만 최고가로 매도하고 싶은 것은 당연합니다. 중요한 것은 팔릴 만한 가격이어야 한다는 점입니다. 터무니없이 높게 팔겠다고 하면 이것이 바로 '호가'입니다. 호가에 집을 내놓으면 중개인들은 마음속으로 이렇게 생각합니다.

'받고 싶은 가격은 희망사항일 뿐 그 가격에는 절대 안 팔립니다.'

매도 의뢰는 받았지만 호가 매물은 등록조차 하지 않거나, 등록을 해도 집을 보러 오는 사람들에게 브리핑조차 안 할 가능성이 큽니다. 찬밥 신세가 되는 것이죠. 매도에서 가장 중요한 것은 1순위가 '가격'입니다.

호가에 내놓고 찬밥 취급을 당하는 것도 모른 채 안 팔린다고 하소연해 봐야 무슨 소용이 있겠습니까? 부동산에서 그 가격에는 안 팔릴 거라는 말을 안 해 줬다고요? 그런 뉘앙스로 말을 했지만 듣지 않았을 것입니다. 중개인도 섣불리 낮게 팔라고 권할 수 없습니다. 자기가 받고 싶은 가격에 집을 팔겠다는데 어떻게 만류하나요? 혹시나 싸게 팔라고 권유했다가 기분 나빠서 다른 부동산에 물건을 내놓으면 중개인도 손해입니다. 만약 물건을 내놨는데 문의조차 없다면 내 물건이 비싸서가 아닐까 한 번 더 고민해 봐야 합니다.

팔릴 만한 가격이면서 아쉽지 않을 가격으로 매도가를 정하기 위해서는 다음과 같은 방법을 활용합니다.

첫째, 부동산 실거래가를 검색합니다.

둘째, 네이버부동산에서 매물 검색을 하고 같은 평형대에서 낮은 가격부터 높은 가격 순으로 매물을 정렬합니다. 동호수와 컨디션이 비슷한 물건을 찾아 매매가를 확인합니다.

셋째, 부동산에 전화해 얼마 정도면 거래가 될지 물어봅니다. 생각한 것보다 낮은 가격을 제시할 것입니다. 당연히 거래는 낮은 가격부터 되기 때문입니다.

이렇게 조사한 가격을 모두 적어 놓고 본인이 수용할 수 있는 가격을 정합니다. 매매 과정에서 당연히 에누리 요청이 들어옵니다. 불장이 아니고서야 희망 매도가격에서 1원도 깎아줄 수 없다고 하면 거래가 성사되기 쉽지 않습니다. 에누리 요청을 감안하여 내가 수긍할 수 있는 최저 가격을 정하고 그것보다 조금 높여서 내놓습니다.

Q. 센스 있는 매도 의뢰 Tip

A. 조건을 최대한 자세히, 사진까지 있으면 금상첨화입니다.

매도를 결정하면 우선은 전화상으로 매물을 내놓게 됩니다. 전화로 매물을 내났더라도 기왕이면 한 번은 중개소에 방문하기를 추천합니다. 전화만 받은 물건보다 얼굴을 보고 직접 설명을 들은 매물이 중개인 입장에서도 더 기억하기 쉽고, 더 신경 쓰게 됩니다.

전화나 방문으로 자세히 설명했다고 하더라도 부동산을 나가면서 매물 조건을 정리해 문자로 남깁니다. 수첩에 적어 놓은 매물 리스트보다 문자로 바로 확인할 수 있는 매물 정보가 중개인 입장에서도 더 편리합니다. 내부 사진을 찍어서 문자와 함께 보내면 더욱 금상첨화입니다.

<매도 의뢰 문자 예시>

래미안 101동 1101호
매도 희망가 : 10억
올수리 혹은 수리된 부분 : 싱크대, 화장실 1년 이내 수리됨
확장 시공된 부분 : 올확장 혹은 거실, 작은방 확장됨
(임차인 거주 시) 2022.11.11. 임차인 이사 예정 날짜 및 연락처 기재
(집주인 거주 시) 이사일 협의 가능 날짜 범위 및 연락처 기재
공실이라면 현관 및 집 비밀번호 기재

Q. 매도 잘 되게 하는 Tip

A. 무조건 '가격'입니다.

첫 번째, 가격

매물은 비슷한 조건이라면 무조건 낮은 가격 순으로 팔립니다. 급하면 단지 내 '최저가'로 내놓는 게 첫 번째 팁입니다.

두 번째, 입주 가능 혹은 최소 갭

매수자가 실거주자라면 입주가 가능해야 팔립니다. 임대 기간이 많이 남은 집은 조건이 좋아도 실거주자가 사기 힘듭니다. 반대로 매수자가 투자자라면 임대보증금(전셋값)이 높은 집이 팔립니다. 임대보증금 상승 시기에 새로 임대를 맞춰서 매매가와 전세가의 차이(갭투자)가 최저인 집이 투자자들에게 가장 인기 있는 매물입니다.

세 번째, 잘 보여 주는 집

집을 팔려고 마음먹었으면 '1분 대기조' 상태가 되어야 합니다. 언제든 집을 보러 온다고 하면 10분 이내로 보여 줄 수 있는 거리에서 대기하고 있어야 합니다. 집도 잘 정리되어 있어야 합니다. 중개인이 방문 요청을 했는데 여러 번 보여 주지 못하면 그 집은 브리핑할 때 우선순위에서 밀리게 됩니다. '그 집은 잘 안 보여줘'라는 인식이 중개인들 사이에 자리 잡는 순간 매도는 힘들어진다는 사실을 꼭 기억해야 합니다.

네 번째, 깨끗한 집

기왕이면 깨끗한 집이 잘 팔립니다. 인테리어가 최신으로 되어 있거나, 집이 잘 정돈되어 넓게 보이는 집이 먼저 팔립니다. 빨리 팔고 싶으면 집부터 깨끗하게 치워야 합니다. 이사 가면 버리려고 쌓아 둔 물건 때문에 이사를 못 가게 될 수도 있습니다. 버릴 것은 모두 버리고 소소한 물건들은 가구 속으로 넣어서 최대한 집이 넓고 깨끗하게 보이도록 하는 게 잘 팔리는 비법입니다.

그 외에 '좋은 집'이라는 이미지를 주면 좋습니다. 집을 보러 오면 온 집의 불을 켜서 밝다는 인상 주기, 집 안에서 좋은 향기가 나도록 방문 직전 커피 내리기, 좋은 기운을 가진 집이라는 인상을 주기 위해 살면서 좋았던 일 이야기하기, 살기 좋은 객관적인 이유를 티 나지 않게 설명하기 등이 매도에 성공한 사람들이 말하는 공통적인 팁입니다. 성공 매도를 기원합니다.

Q. 매도 후 꼭 해야 할 일은 무엇인가요?

A. 양도세 신고를 늦지 않게 해야 합니다.

매도 후 가장 마지막으로 해야 할 일은 양도소득세 신고입니다. 양도소득세 신고 기한은 잔금일이 속한 달로부터 2개월 이내입니다. 예를 들어 5월 14일에 매도했다면 7월 31일까지가 신고기한입니다. 양도소득세 신고는 홈택스에서 셀프로도 가능합니다. 홈택스 안내 영상을 참고하거나 고객센터에 문의하면 도움을 받을 수 있습니다. 다만, 잘못 신고할 경우 세금의 차이가 크게 날 수 있으므로 세무사에게 신고를 의뢰하는 것도 방법입니다.

Q. 일 년에 한 개만 매도하는 게 이익이라고 하던데요?

A. 네, 기본 공제가 일 년에 한 번만 적용되기 때문입니다.

양도소득세의 특성을 알면 이해되는 부분입니다.

첫째, 양도소득세 신고 시 1인당 일 년에 딱 한 번 250만 원 한도에서 기본공제를 받습니다.

일 년에 두 개 이상을 매도하면 두 번째부터는 기본공제를 받지 못합니다. 그렇기 때문에 두 번째 물건의 잔금을 해를 넘겨서 하면 두 건 모두 250만 원을 공제 받을 수 있습니다.

둘째, 같은 해에 매도한 물건의 양도차익은 합산되어 양도세율이 결정됩니다.

예를 들어 처음 매도한 것이 양도차익이 8,000만 원이면 양도세율 24%를 적용해 양도세가 결정됩니다. 같은 해에 하나 더 매도하여 양도차익이 1억이라면 그 물건에 적용되는 양도세율은 35%입니다. 하지만 여기서 끝이 아닙니다. 일 년에 두 건 이상 매도하면 다음 해 5월 양도소득세 확정신고를 해야 합니다. 이때 두 건의 양도차익을 합친 금액으로 높은 구간의 세율을 다시 적용합니다. 앞서 납부한 두 건의 세금의 합과 높은 구간의 세율을 적용한 양도세를 비교하여 더 높은 쪽의 세금이 부과됩니다. 만약 높은 구간의 세율을 적용한 세금액이 더 크다면 추가적으로 양도세 고지서를 받게 됩니다.

이런 이유로 매도 계획을 잘 세워 일 년에 한 개만 매도하는 것이 세금 측면에서 유리합니다.

Q. 1주택 비과세 전략 vs 다주택?

A. 비과세가 최고입니다.

비과세는 국세청 등이 세금을 부과하는 과세권이 처음부터 없는 것, 즉 세금 자체가 발생하지 않는 것으로 신고 의무조차 없습니다. 따라서 1세대 1주택 비과세 전략은 최고의 절세 전략이라 할 수 있습니다. 다만 비과세를 받기 위해서는 충족해야 할 여러 가지 조건이 있습니다. 해당 기준은 개인에 따라 복잡하기 때문에 비과세 전략을 활용하려고 마음먹었다면 첫 주택 매수부터 제대로 공부하고 추가 주택 구입 시 신중을 기해야 합니다.

비과세 혜택을 제대로 누리려면 일시적 2주택을 유지하며 투자하는 전략을 고수해야 합니다. 부동산 상승기에는 이 투자 전략을 고수하기가 생각보다 쉽지 않습니다. 투자할 것이 눈에 보이면 매수 안 하는 것 자체가 손해라고 느껴지기 때문입니다. 이럴 때는 보유하고 있는 주택의 양도세와 투자로 인해 향후 예상되는 수익 등을 꼼꼼하게 따져서 내가 1주택자를 유지할 것인지, 비과세 혜택을 포기하고 다주택 전략으로 갈 것인지, 다른 명의를 활용해 1주택을 유지하면서 투자할 것인지 결정해야 합니다.

비과세에 해당하는 주택을 양도하면 양도세 신고 의무조차 없지만 신고하는 것을 추천합니다. 간혹 비과세에 해당하는 주택이 아닌데 비과세로 잘못 판단하여 신고하지 않은 경우 추후 가산세가 크게 부과될 수 있습니다. 주택 양도 시에는 신고 의무가 있든 없든 신고를 하는 것이 안전합니다.

부린이가 겪은 에피소드 모음

💬 묻지마 투자의 결과 – 워렌콩

매수할 때부터 차근차근 알아보고 결정한 것이 아닌 실로 '묻지마 투자'였습니다. 재개발이 뭔지도 몰랐지만 평소 부동산에 관심이 많던 지인의 추천에 덜컥 계약을 했습니다. 오랜 시간 묻어 두면 신축 아파트가 된다는 말만 믿고 매수를 결정한 것부터 문제였습니다. 제대로 알고 산 게 아니니 팔 때도 문제였습니다. 언제 팔아야 할지, 얼마에 팔아야 할지도 몰랐습니다. 오래 걸릴 거라고 생각은 했지만 재개발 해제구역 리스트에 제가 산 구역이 오르내리자 두려워졌습니다. '해제되면 누가 내 물건을 살까' 하는 두려움과 함께 해제되기 전에 팔아야겠다는 마음이 앞섰습니다. 부동산에서 제시한 가격에 팔리기만을 손꼽아 기다렸고 예상보다 빨리 매수자가 나타났습니다. 매도 계약을 하는 과정에서 뭔가 잘못됐다는 예감이 들었지만 이미 엎질러진 물이었습니다. 오랜 시간이 지나지 않아 해당 구역은 동의율 75%를 달성했고, 시세는 매도가의 2배 이상으로 뛰었습니다. 묻지마 투자로 손해를 보지 않았다는 것만으로 감사해야 할 일이지만 그곳을 지날 때마다 큰 아쉬움이 남습니다.

누군가에게 차마
물어보기 힘든 부동산 용어

신축 VS 준신축 VS 구축

정확하게 정해진 기준은 없습니다.

대략적으로 통용되는 기준은 다음과 같습니다

신축 : 입주 시점부터 3~5년 이내

준신축 : 10년 이내

구축 : 20년 이상

10~20년 아파트는 구축이라고 하기에는 조금 젊은 느낌이 들
긴 합니다.

빌라 VS 연립 VS 다세대 VS 다가구

· 빌라 : 연립주택이나 다세대주택을 이르는 말
· 연립주택 : 연면적이 $660\,m^2$를 초과하는 4층 이하의 건물,
　등기부 등본상 여러 채
· 다세대주택 : 연면적이 $660\,m^2$ 이하, 4층 이하의 주택,
　등기부 등본상 여러 채
· 다가구주택 : 연면적이 $660\,m^2$ 이하, 3층 이하,
　등기부 등본상 단독주택(즉, 소유자는 한 명)

리모델링 VS 재건축 VS 재개발

깊이 들어가면 상당히 공부해야 할 것이 많지만 간단히 구분해 보면 다음과 같습니다.

리모델링

- 입주 15년 이상 아파트 대상
- 골조를 그대로 두고 한두 층만 올리거나 옆에 건물을 덧대는 방식
- 리모델링 후 원래 살던 동호수 그대로 입주
- 진행이 빠르나 재건축만큼 확 바뀌는 느낌은 없어 시세 상승도 제한적
- 건물이 옆으로 덧붙여지므로 사이드 집이 평수가 더 커지는 효과가 있어 시세에도 영향을 줌

재건축

- 입주 30년+@ 아파트 대상
- 건물을 모두 부수고 새로 지음
- 동호수 다시 배정 받음
- 진행은 느리나 신축이 되면 시세가 크게 상승
- 대지지분을 많이 가진 집이 유리

재개발

· 구역 전체의 노후도를 계산해 대상 여부 판별

· 대상 구역 내 건물과 도로를 모두 새로 개설

· 동호수가 새로 배정됨

· 진행이 재건축에 비해 더 느리나 완성되면 동네가 천지개벽

· 조합이 일을 잘해 사업 진행이 빠른 곳이 가장 좋은 구역임

공통점

· 부동산 시세가 상승해야 사업 진행이 가능해짐

· 부동산 하락기에는 사업 진행이 멈추거나 아예 없던 일이
  되기도 함

· 정부의 정책에 따라 사업 진행에 많은 영향을 받아 이는
  리스크가 될 수도 있음

· 잘 진행되면 새 아파트를 받을 수 있는 조합원의 지휘를
  갖게 됨

· 모든 정비사업에서 가장 중요한 것은 사업 속도임을 기억할 것

용적률 VS 건폐율

용적률과 건폐율은 최대 건축 가능 규모를 정하는 기준이 됩니다. 땅에 건물을 짓고 싶은 사람이라면 최대한 높게 건물을 짓고 싶어 합니다. 하지만 모든 사람이 자기 땅에 최대로 건물을 짓는다면 도시의 모습이 어떻게 될까요? 다른 건물에 가려 햇빛조차 들지 않는 집도 많아지겠죠. 이런 것들을 고려하여 건물을 지을 수 있는 규모를 정해 주는 것이 용적률과 건폐율입니다. 쉽게 말하면 용적률과 건폐율이 높을수록 높고 넓게 지을 수 있습니다.

용적률

대지면적에 대한 대지 안에 모든 건축물의 총 면적 비율

예시) 땅이 100평이고 건축 가능 용적률이 200%라면 내가 지을 수 있는 건축물의 총 면적은 200평이 됩니다. 만약 4층짜리 건물을 짓는다면 각 층마다 50평씩 4개 층을 지으면 총 200평입니다. 만약 2층으로 짓는다면 100평씩 2층으로 올리면 됩니다. 3층으로 나눠서 1층은 100평, 2층은 70평, 3층은 30평으로 지어도 됩니다. 이때 한 층당 최대 면적을 마음대로 정할 수 없도록 건폐율을 정해서 제한하고 있습니다.

건폐율

대지면적 대비 건축 바닥면적의 비율

예시) 땅이 100평이고 건폐율이 50%라면 1층을 최대로 넓혀도 50평 이상 지을 수 없습니다. 위의 경우처럼 총 200평을 짓고 싶다면 1층이 50평이므로 50평씩 4층으로 짓는 것이 최적입니다.

아파트 등 주거지역이 많은 곳은 도시지역-주거지역-일반주거지역 중 1종이나 2종에 주로 해당됩니다. 근린상가들이 들어선 지역은 3종이나 준주거지역으로, 지하철역 인근은 상업지역으로 지정되어 있는 경우가 많습니다. 강남역과 같은 곳은 중심상업지구입니다. 옆 건물과 틈도 없이 지어진 건물들이 즐비한 이유가 건폐율이 최대 90%까지 허용되기 때문입니다. 100평 땅에 90평까지 지을 수 있기 때문입니다. 우리가 흔히 접할 수 있는 지역의 건폐율과 용적률만 정리하면 다음과 같습니다.

용도지역구분	용적률	건폐율
도시지역-주거지역-일반주거지역-제1종	100% 이상-200% 이하	60% 이하
도시지역-주거지역-일반주거지역-제2종	150% 이상-250% 이하	60% 이하
도시지역-주거지역-일반주거지역-제3종	200% 이상-300% 이하	50% 이하
도시지역-주거지역-준주거지역	200% 이상-500% 이하	70% 이하
도시지역-상업지역-근린상업지역	200% 이상-900% 이하	70% 이하
도시지역-상업지역-일반상업지역	300% 이상-1300% 이하	80% 이하
도시지역-상업지역-중심상업지역	400% 이상-1500% 이하	90% 이하

최근 도심 고밀도 개발과 관련하여 준공업지역이나 상업지역의 건폐율과 용적률을 상향시켜 주는 내용의 개발 계획이 발표되고 있습니다. 용적률과 건폐율이 상향되면 건물을 높게 지을 수 있게 되어 땅의 활용도가 높아지고 수익성도 향상됩니다. 상가나 건물을 매수할 계획이라면 해당 지역의 용적률과 건폐율 및 개발 계획을 꼼꼼히 확인하는 것이 중요합니다.

이주비대출 & 중도금대출 & 잔금대출

재건축·재개발 같은 정비사업에서 통용되는 용어로 조합원들에게 제공되는 '돈'과 관련된 혜택입니다.

이주비대출

재개발에서 기존 집을 부수기 위해서는 거주하는 사람들이 이사를 해야 합니다. 살던 집이 없어지니 당장 돈을 마련할 수 없어 이사를 가기 힘든 사람들도 있습니다. 이주비는 새 집이 지어질 때까지 이주해서 살 수 있도록 최소한의 비용을 빌려주는 것을 말합니다. 본인이 소유한 물건의 감정가에 따라 일정 비율로 지급됩니다. 대출처럼 자서를 통해 은행에서 실행되며 입주 시 전액 상환해야 합니다.

중도금대출

우리나라는 선분양제도를 실시하고 있습니다. 아파트를 짓지 않은 상태에서 분양하고 분양대금을 받아 아파트를 짓는 방식입니다. 아파트가 지어지는 동안 필요한 자금을 분양 받은 사람들이 나누어 부담하게 되는데 이를 현금으로 모두 납부하라고 하면 분양 받을 수 있는 사람들은 거의 없습니다. 분양 받은 사람들의 보증으로 은행권에서 대출을 받아 공사비를 충당

합니다. 이를 중도금대출이라고 합니다. 분양 시 아파트 대금 납부 비율을 보면 대체로 계약금 10%, 중도금 60%, 잔금(입주 시) 30% 비율입니다. 중도금대출 역시 이주비대출과 마찬가지로 입주 시 전액 상환해야 합니다.

잔금대출

아파트가 완공되면 분양대금을 완납해야 합니다. 이때부터 지어진 아파트를 담보로 대출이 가능합니다. 공사기간 중 아파트 시세가 크게 상승하면 잔금대출 시 분양가보다 더 많이 대출되기도 합니다. 잔금대출 시 기준이 되는 집값은 분양가가 아니라 입주 당시의 주변 시세를 반영한 감정평가금액을 기준으로 하기 때문입니다. 주변 시세가 많이 오르기 전에 분양을 받은 사람들 중에 잔금대출이 최초 분양가 이상으로 나와 자금 걱정 없이 입주하는 사람들도 많습니다. 분양가의 10%에 해당하는 자금만 있으면, 대출을 활용해 추가 자금 없이 완공을 기다릴 수 있기 때문에 분양권은 매우 효율적인 레버리지 투자 전략입니다.

초피 VS 플피 VS 마이너스피

· 피=프리미엄의 줄임말

분양권의 경우 입주하기 전까지는 분양가에서 시세상승분을

프리미엄(피)라고 부름

초피 : 분양하자마자 붙는 프리미엄으로 초피가 높게 형성된 경우 인기

아파트로 봄

플피 : 프리미엄이 플러스인 곳

마이너스피 : 분양가보다 거래 가격이 떨어진 경우 떨어진 만큼이 마이

너스피

업계약서 VS 다운계약서

· 업(up)계약서 : 실제 거래금액보다 높게 기재(매수자 유리)

· 다운(down)계약서 : 실제 거래금액보다 낮게 기재(매도자 유리)

업(up)계약서

실제 거래하기로 약속한 매도금액 = 1억

계약서상 매도금액 = 1억 2,000만원

· 단점 : 취득세가 더 부과됨(1.1%로 가정하면 110만 원 VS 132만 원)

· 장점 : (이후 시세가 많이 오른다면) 최초 매수금액이 커져

  양도세가 감소하는 효과

양도가액이 1억이라고 가정하면,

정식기재 시 2억-1억=1억에 대한 양도소득세 부과

업계약 시 2억-1억 2,000만 원=8,000만 원에 대한 양도소득

세 부과

· 매수자가 요구하는 경우가 많음

이후 시세가 오를 것으로 판단될 때 양도소득세 절세 효과를

노리는 것

· 매도자가 들어주는 경우

매도자가 1주택자이거나 오래 실거주한 사람으로서 비과세 요건에 해당하면 업계약서를 써서 매도금액을 높여도 부과되는 세금이 현저히 적거나 없을 수 있습니다. 만약 업계약서로 인해 세금이 조금 더 나온다고 해도 매수자가 부담한다고 하면 들어주기도 합니다. 대체로 이런 경우 부동산 거래 경험이 많지 않은 사람일 가능성이 크기 때문에 불법임을 모르고 승낙하는 매도인도 있습니다.

다운(down)계약서

실제 거래하기로 약속한 매도금액 = 2억
계약서상 매도금액 = 1억 5,000만 원

· 단점 : 매수자는 추후 양도 시 양도소득세 증가 가능성

  (시세가 상승할 때에 한함)

· 장점 : 매도자의 양도소득세가 감소하는 효과

· 매도자가 요구하는 경우가 많음

시세가 많이 올라서 매도하면 양도소득세가 높아지는 것을 예상해 매도자가 요구

· 매수자가 들어주는 경우

매수자가 부동산 투자에 대해 잘 모르고 내 집을 처음 마련하

는 사람이거나 평생 이 집에서 살 것으로 생각하면 응낙하는 경우가 있습니다. 양도소득세가 비과세되는 구간까지 집을 보유하면 취득금액을 낮게 쓴 것이 크게 문제되지 않을 거라고 생각해 들어주기도 하지만 사람의 앞날은 절대 예측할 수 없습니다. 주변에서도 깊이 생각하지 않고 다운계약서를 썼다가 후회하는 사례가 많습니다.

업계약서와 다운계약서 모두 시장 질서를 흐리는 불법행위이므로 요구하지도 동의하지도 말아야 합니다.

미분양 VS 미계약분 VS 줍줍

새 아파트를 경쟁을 통해 분양 받는 방법으로 청약제도가 있습니다. 아파트 모집공고가 나면 청약홈에서 공개 청약을 실시하고 계약을 진행합니다. 이 과정에서 계약이 완료되지 않아 주인을 찾지 못한 집들이 발생합니다. 계약되지 않고 남은 집을 칭하는 단어들이지만 상황에 따라 다르기에 구분해서 살펴보겠습니다.

청약에서 계약자를 찾는 과정을 보면 아래와 같습니다.
특별공급 → 1순위 → 2순위 → 미계약분에 대한 무순위청약 → 미분양분에 대한 줍줍

미계약분

1, 2순위 청약 당첨자를 대상으로 분양 계약을 진행한 후 부적격자나 계약 포기자로 인해 계약되지 않은 물량을 말합니다. 새 아파트를 싸게 살 수 있는 방법으로 청약의 인기가 증가하면서 청약경쟁률이 매우 높아졌습니다. 정부는 청약제도를 바꿔 가며 투자를 근절하겠다고 했지만 어려운 청약제도로 인해 부적격당첨자도 늘었습니다. 부적격당첨자가 늘고, 강력한 대출규제로 당첨자들의 계약 포기가 늘면서 미계약분도 증가했

습니다. 미계약분의 계약자를 가리기 위해 실시하는 것이 무순위청약입니다.

무순위청약

1, 2순위 청약 이후 미계약물량(부적격자 혹은 계약 포기)에 대해 무작위 추첨을 통해 당첨자를 선정하는 방식입니다. 청약통장 보유 여부와 관계없이 19세 이상이라면 누구나 청약이 가능하다는 조건 때문에 무순위청약이 과열되자 미계약분 공급 자격은 '해당 주택 건설지역(시, 군)의 무주택 세대구성원인 성년자'로 명시하는 내용의 주택공급에 관한 규칙 개정안을 입법예고하였습니다.

미분양분

입주자모집공고를 내고 입주자를 모집했으나 정해진 일정 내에 계약이 되지 않아서 이후에 선착순 계약으로 판매하는 물량을 말합니다. 무순위청약까지 했는데도 계약되지 않은 물량에 해당됩니다. 부동산 시장 분위기가 침체되어 있을 때는 미분양분이 나와도 아무도 계약하려 하지 않습니다. 하지만 부동산 시장이 반등을 시작하면 미분양분을 용기 있게 계약한 사람이 승자가 되는 경우가 많습니다. 2014~2015년에 미계약분인 아파트를 계약해 2017~2018년 대세 상승장에 분양가 이상의 시세차익을 누린 사람들이 많습니다. 이후로는 미분양 분이 선착순으로 나올 경우 전날 밤부터 텐트를 치고 번호표를 받는 진풍경이 펼쳐지기도 했습니다. 부동산 시장의 분위기에 따라 분양 결과는 큰 차이를 보입니다. 입지가 좋고, 분양가도 적당한데 부동산 시장의 분위기상 미분양이 된 경우라면 관심 있게 지켜볼 필요가 있습니다.

줍줍

아파트 미분양이나 미계약분을 찾아다니면서 줍다시피 계약하는 사람들의 행태를 일컫는 신조어입니다. 분양아파트는 계약금 10%만 투자하면 입주 때까지 추가로 필요한 자금이 없기 때문에 적은 금액으로 투자할 수 있다는 장점이 있습니다. 투자금도 적으면서 시세차익을 누릴 수 있다는 생각에 줍줍을 하기 위해 줄을 선 사람들이 늘면서 이들을 일컫는 신조어로 줍줍족이라는 단어가 만들어지기도 했습니다.

지금 당장 무엇부터
시작하면 될까요?

지금 당장 부동산 공부를 시작하세요. 무엇부터 공부해야 할지 모르겠다면 서점으로 가세요. 부동산 도서 코너로 직진해 진열돼 있는 부동산 책들을 살펴봅니다. 베스트셀러 코너에서 꾸준히 인기 있는 부동산 책들도 살펴봅니다. 가장 마음에 드는 혹은 궁금한 책을 몇 권 사서 읽기 시작합니다.

처음 읽으면 무슨 말인지도 잘 모르겠고 어려운 말이 나오면 책을 덮고 싶어집니다. 여러분만 그런 것이 아니니 안심하고 계속 읽어 나가세요. 처음부터 다 이해하려고 하지 말고 우선은 그냥 읽습니다. 한 권, 두 권, 세 권 그렇게 읽다 보면 서서히 쉽게 느껴집니다. 점점 내용이 이해되는 느낌이 듭니다. 그렇게 부동산 관련 책을 30권 정도 묻지도 따지지도 말고 읽습니다.

어떤 분야든 새롭게 알고 싶은 분야가 있다면 관련 책부터 읽는 습관을 들입니다. 관련 분야에서 무엇인가를 성취한 사람들은 책을 통해 자신이 배운 것을 공유합니다. '책을 읽어라'라는 조언은 너무 식상하니 다른 방법을 알려 달라고 묻고 싶은가요? 아무리 생각해 봐도 가장 쉽고, 가장 간단하고, 가장 돈 안 드는 방법은 책뿐입니다.

저는 책으로 부동산 공부를 시작했고, 목표한 바를 충분히 이루었습니다. 여러분들도 저처럼 책으로 부동산 공부를 시작해 보길 바라는 마음에 《책으로 시작하는 부동산 공부》라는 책을 썼습니다. 제가 책으로 공부했던 노하우를 하나도 빠짐없이 담았습니다. 레비앙의 블로그에는 500여 권 이상의 부동산 및 경제 관련 책 리뷰가 있습니다. 지금도 신간 리뷰는 계속 업데이트됩니다. 함께 책을 읽고 공부할 동료를 만드는 독서 모임인 '문우공감'은 현재진행 중입니다. 이 책을 읽고 부린이 궁금증이 풀렸다면 본격적으로 부동산 공부를 시작하길 바랍니다. 부동산 공부는 인생에서 한 번쯤은 열심히 해 볼 만한 가치가 있습니다.